雨漏り修理のプロが教える
屋根・外壁の
メンテナンス

我が家の補修で失敗しない方法

雨漏り110番グループ 編著

唐鎌謙二・藤田裕二・原田芳一・倉方康幸 著

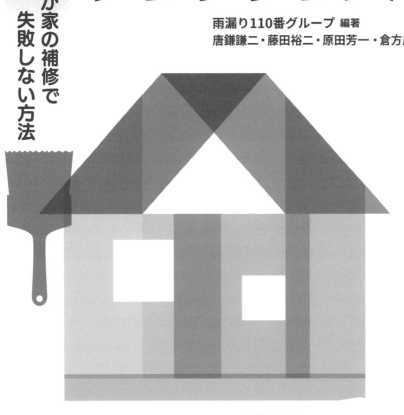

はじめに
―屋根・外壁のメンテナンスが家の寿命を決める―

　不動産登記法において「建物は、屋根及び周壁又はこれらに類するものを有し、土地に定着した建造物であって、その目的とする用途に供し得る状態にあるものでなければならない」と定義されています。屋根と壁を有することが建物の前提条件であり、屋根と外壁こそが建物を建物たらしめていると言っても過言ではありません。そもそも建物に求められる最も基本的かつ根源的な機能は「雨」と「風」を凌ぐことです。人類は雨と風から身を守るために建物を造る術を身につけ、それを発展させてきたのです。

　そして、雨と風を最前線で受け止め、建物を外部から守ってくれているのが屋根と外壁です。つまり、大切な建物を長持ちさせるためには、屋根と外壁のメンテナンスこそが最も重要と言えるのです。屋根や外壁のメンテナンスを疎かにすれば、大切な建物の寿命を縮めかねません。

　また、屋根や外壁のメンテナンスには一般的に高額な工事費用がかかります。失敗したからと言って簡単にやり直すことはできません。数百万円の工事費用をドブに捨てるような残念な失敗をし、後悔する人があとを断ちません。屋根や外壁のメンテナンスは失敗してからでは遅いのです。

　私たち雨漏り110番グループでは、2018年1月に『雨漏り事件簿　原因調査と対策のポイント』（学芸出版社）を上梓しました。

　本来であれば企業秘密である大切なノウハウや貴重な事例を数多く公開しました。そこまでして出版した最大の目的は、「雨漏りで困っている人を一人でも多く救いたい」という思いでした。雨漏りで困っている全ての人を私たち雨漏り110番グループが一手に引き受けることができればそれに越したことはありません。しかし現実には私たちにそこまでの対応力はありません。であるならば、私たちの経験やノウハウを公開することで、雨漏りのことを真剣に学びたいと考えている真面目な工事業者さんのレベ

ルが上がり、結果として雨漏りで困っている人を救えるのではないかと考えました。また、雨漏りで困っているエンドユーザー自身が、我々の本を読み、雨漏りに関する知識を身につけることで、レベルの低い業者や悪徳業者に騙される事態を防げるのではないか？とも考えました。そのような想いから、私たち雨漏り110番グループで共有する大切なノウハウや貴重な事例を思い切って公開したのです。

　出版から2年が経ちました。数多くの雨漏り事例が掲載され、その原因調査と対策までを詳細に解説した類書が他に存在しなかったことから、建設業界においてたいへん高い評価をいただいております。また、本を読んだというエンドユーザーの方からも多数の反響をいただいており、「雨漏りで困っている人を一人でも多く救いたい」という当初の目的は、一定レベルまでは果たせたのではないかと自負しております。

　しかし、エンドユーザーからの反響の中には「素人には読みづらい」という声や「もう少しわかりやすいと助かる」という声が少なからずあったのも事実です。できるだけわかりやすい文章で書いたつもりですが、読み返してみると、専門用語が多めなのは確かです。多少なりとも建築の知識がある人間ならともかく、一般の皆様にとっては敷居が高い内容になっていることは否めません。また、完全に雨漏りに特化した本なので、対象となる読者は実際に雨漏りで困っている人だけとなってしまっています。そもそも出版の目的が「雨漏りで困っている人を一人でも多く救いたい」だったのですから、対象読者が雨漏りで困っている人だけになることは当然だと思われるかもしれません。しかし、実はそうとも言えないのです。

　私たち雨漏りの専門家からすれば、雨漏りが発生してから対応するより、雨漏りが発生しないよう事前に予防するほうが簡単で確実なのです。

　もちろん予防が難しいタイプの雨漏りもありますので、全ての雨漏りを予防できるわけではありません。しかし、ちょっとした工夫で予防できる雨漏りは意外と少なくないのです。例えば住まいの屋根や外壁の塗り替え工事の時、あるいはマンションの大規模修繕工事の時など、標準的な仕様

に少し工夫するだけ、ちょっと手を加えるだけで、雨漏りのリスクを大きく低減することができるのです。

ところが、書店やネット書店を見回してみると、そのようなリスク回避の工夫を教えてくれる本が全くありません。一般の住宅所有者やビル・マンション所有者に、建物メンテナンスのノウハウや有益な情報を教えてくれる実用書やノウハウ書が全く存在しないのです。

そのようなことから、このたび「雨漏りをはじめとして、住宅の補修実績を多数有する雨漏り110番グループが、外壁・屋根を中心とした住宅メンテナンスについて、施主として知っておけば、悪質業者に騙されず、お得なリフォームができるレベルの知識（考え方＋技術知識）を紹介する」ことをコンセプトとして本書を出版することになりました。

建物メンテナンスのプロである私たち雨漏り110番グループが、お客様の立場にたって「もし自分自身の家をメンテナンスするとしたら」、あるいは「自分の大切な恩師に住宅メンテナンスのことをアドバイスするとしたら」という視点で書き上げた本です。

同業者からの批判や反発を恐れずに、建設・リフォーム業界の実態や裏事情も全て率直に書きました。

私たち自身が「プロフェッショナルとして目指すべき理想の住宅メンテナンス」を思い描きながら書きました。

実際の現場で目撃した様々なメンテナンスの失敗事例についても、他山の石として、同じ失敗をしないように自戒の念を込めて書きました。

建築について全く知らない一般の方が読んでもわかるように、専門用語をできるだけ噛み砕いて、わかりやすい言葉で書いたつもりです。

ちょうど住宅のメンテナンスをご検討中の方、また、将来的なメンテナンスのために知識を備えておきたい方、あるいは今現在既に進行中の工事内容に不安や不信感を感じている方、そのような皆様のお役に立てる内容になっていると自負しております。

目次

第1章 🏠 失敗しない 住宅メンテナンスの心得

1 | 得する工事と損する工事

2 | 悪徳業者の見分け方

3 | 施主の心得

第2章 🏠 住宅メンテナンスの基礎知識

1 | 屋根の種類

2 | 外壁の種類

3 | メンテナンスのポイント

※「RC造」は鉄筋コンクリート造、
「S造」は鉄骨造の略称です。

第3章 🏠 住宅メンテナンス失敗事例と解決策

1 | 木造編

2 | 鉄骨造(S造)・鉄筋コンクリート造(RC造)編

第1章

失敗しない
住宅メンテナンスの心得

1 | 得する工事と損する工事

メンテナンスで後悔する人たちの共通点
～慌てる人、急ぐ人ほど損をする～

　本書をお読みいただいている皆様、ご自宅や所有するビル・マンションなどの建物メンテナンスをご検討されている方に、まず一番最初にお伝えしたいことがあります。あなたは建物メンテナンスで失敗したくないと思っているはずです。あなただけではなく誰もが失敗したくないと思っています。しかし、実際には建物メンテナンスで失敗し、後悔している人が数多く存在するのが現実です。私は建物メンテナンスに携わって27年になりますが、お客様の後悔の言葉を沢山聞いてきました。もちろん失敗や後悔の内容は人それぞれです。建物の種類や工事内容によっても全く違いますし、お客様自身の建物に対する考え方や人生計画によっても違ってきます。建物メンテナンスにおける失敗のカタチは人それぞれで、建物ごとに様々なケースの失敗が存在します。そもそも立地条件や構造、住んでいる人の家庭環境や生活状況など、全てが全く同じ建物は存在しません。一口に建物メンテナンスと言っても、建物ごと工事内容ごとに多種多様であり、全く同じ失敗というのはあり得ないのです。

　このように建物メンテナンスにおける失敗の理由は案件ごとに異なるにせよ、建物メンテナンスに失敗し、後悔するお客様の多くには共通点があります。私がこれまでの27年間でお会いしてきた沢山のお客様を振り返ってみても、自分のイメージ通りの仕上がりにならなかったり、当初予定の見積金額を大幅に予算オーバーしたり、結果的に後悔することになってしまったお客様には、ある共通点がありました。全てのお客様に共通しているわけではありませんし、同じことをしながら失敗しないお客様も存在します。おそらく失敗の原因は一つだけではありません。しかし、建物メンテナンスで失敗し、後悔しているお客様のほとんどに共通している特徴があるのです。

その特徴とは、工事を検討する時間の短さです。建物メンテナンスで失敗し、後悔しているお客様の大多数が、工事を考え始めてから工事業者に発注（契約）をするまでの時間が圧倒的に短いのです。つまり、検討する時間が短い人ほど後悔するケースが多いということです。極端な例になりますが、飛び込み営業マン（訪問販売系リフォーム会社）の訪問を受け、その場で発注してしまったお客様の場合、かなり高い確率で後悔されています。当然と言えば当然です。日用品の買い物であっても衝動買いした時には後悔することが多いはずです。どんな買物であっても、じっくり検討してから買った場合のほうが後悔が少ないのは当然でしょう。ましてや建物メンテナンスは、何十万〜何百万円と高額です。長い人生の中においても、かなり大きな方の出費となるはずです。そんな大きな買い物であるにも関わらず、ごく短い時間しか検討せずに発注してしまえば、工事後に後悔する可能性が高くなるのは言うまでもありません。

　また、工事発注までの時間が短いと後悔する結果になりやすいということは、私たちのような工事を請け負う施工業者の立場からも論理的に説明できます。1日〜2日で終わるような小さな工事の場合は別として、そもそも建物メンテナンスにおいて、安全かつ適切な作業環境のもとで、質の高い良い工事をしようと思えば、じっくりと時間をかけて念入りに準備をする必要があります。昔から「段取り八分」という言葉があるように、工事そのものが重要なのは当然として、その工事の前にしっかりと時間をかけ、万全の準備を整えることが何よりも重要なのです。良い準備なくして良い工事ができるわけがないのです。

　「発注までの時間が短い」としても、工事のための準備や段取りは発注後にじっくり時間をかけてやれば良いのでは？という反論があるかもしれません。ところが、実は、まさにそこが落とし穴なのです。工事を発注するということは、その時点で、工事に使用する材料・施工仕様・工法が決まっているということになります。つまり、既に詳細な工事内容が決まっているはずです。そもそも具体的な工事内容が決まらなければ見積書を作

ることはできないので工事金額が決まりません。工事金額が決まっていない工事は発注しようがありません。ようするに、工事を発注する時点では、工事内容は必ず決まっているはずなのです。

詳細な工事内容が決まるということは何を意味しているのでしょうか。実は、詳細な工事内容が決まった時点で、その工事における品質の最大値が確定するのです。工事の品質については、職人さんや監理者（現場監督など）の技術力や経験の差、いわゆる「腕の差」によって変わる要素があるのは事実です。しかし、少なくとも「腕の差」によって最初に取り決めた工事内容を超えることはありません。最初に決めた工事内容で見込める品質を最大値として、職人さんの腕や現場管理の能力で、いかにその最大値に近づけるかが目標になります。

プロのレーシングドライバーならば、同じ軽トラックを運転しても一般ドライバーよりも速く走れるでしょう。しかし、軽トラックでスポーツカーと同じ速度を出すことはできません。ドライバーの「腕」の良し悪しで軽トラックをスポーツカーのように走らせることはできないのです。それと同じように見積で確定した工事内容を職人さんの腕で変えることはできません。工事を発注するということは、工事の詳細な内容（仕様・工法）を確定することであり、工事品質の良し悪しを含む工事そのものの成否を決めることに直結するのです。

そんな大切なことを短い時間で決めてしまえば、工事後に後悔する可能性が高いのは当然のことです。工事内容を決めるには、ゆっくりと時間をかけ、じっくり検討することが大事なのです。

では、どのように検討すれば良いのでしょうか。

まず初めに工事の目的を明確にしなければなりません。工事の内容は目的によって大きく変わってきます。「建物を長持ちさせたい」という目的と、「建物をきれいにしたい」という目的では、工事に使用する材料も、仕様や工法も大きく異なります。二つの目的を同時に実現することも可能ですが、その場合にはコストが大きく膨らむことになるでしょう。また、工期

を長く確保できる場合と、短い工期で素早く仕上げなければならない場合でも工事の内容が変わってきます。さらに、立地条件や作業環境によっては、足場を建てることが難しいケースや、施工に時間的な制限がかかる場合もあります。建物の傷み具合によっては必要な下地処理の内容も大きく変わってきます。近隣やテナントの要望に合わせて工期や作業時間を調整する必要があるケースも考えられます。他にも工事の際に考えなければならないことは数多くあります。

　このように、工事内容を決めるためには、工事の目的や、それを実現するための条件や手段など、あらゆることを考えなければなりません。検討に時間がかかるのは当然なのです。逆に言うと、時間をかけて検討しなければ、必ず何かしらの見落としや抜け落ちがあり、大小様々な失敗につながります。結果的に後悔する可能性が高まるのです。

　もうおわかりでしょうか。工事を発注するまでに、ゆっくり時間をかけて、じっくり検討することが何よりも大切だということが。

　「どうせ考えても素人だからわからない」という理由で、業者任せにするお客様も少なくありませんが、わからなくても良いのです。とにかく意識的に時間をかけてください。まずは時間をかけることが大事です。お客様が時間をかけることで、仮に工事の細かい内容は理解できなくても、その工事業者が良い業者か悪い業者かについては、なんとなくわかってくる場合もあるからです。

　このように工事発注までの時間が短いと後悔する結果になりやすいことは当然の話なのです。それがわかっているので、まともな工事業者であれば、すぐに契約するように求めたり、お得なキャンペーンなどを煽って注文を急かしたりすることはありません。最初にじっくり検討しなければ良い工事はできないし、工事後に後悔されることがわかっているからです。

　つまり、お客様がゆっくり時間をかけて検討している時に、それを阻むかのように発注を急かしたり、契約を急ぐ工事業者は要注意です。本当に良い業者であれば先々まで工事の予定が埋まっていますから、お客様から

急かされることはあっても、お客様を急かすことはあり得ません。

　まずは時間をかけることが大事と書いたのは、そういう工事業者を見極めることができるからなのです。

　建物メンテナンスにおいて「検討する時間が短い人ほど後悔するケースが多い」ことを肝に銘じておきたいものです。

長期的に見てその補修は得ですか？

　建物メンテナンスを検討する際に、強く意識しておいてほしいことがあります。それは「長期的な視点で考える」ということです。別の言い方をすれば「目先の損得で考えない」とも言えます。これは建物メンテナンスに限らず、何かしら買い物をしたり、あるいは人生の中における決断や選択の際にも言えることです。ほとんどの方が「そんなこと当然、言われなくてもわかっている」と思われたかもしれません。

　ところが、いざ実際に建物メンテナンスを検討する段階になると、そんな当然の考え方ができていない人が多いのです。

　いったい、なぜそのようなことになってしまうのでしょうか？

　一番大きな理由は、やはりリフォーム工事や外装工事などの建物メンテナンスは、工事費用が高額になるケースが多いからだと思われます。普段の生活や買い物では、「目先の損得で考えない」「長期的な視点で考える」という意識を持っている人も、いざ数百万円とか１千万円を超えるような高額な見積金額を見てしまうと、どうしてもコストへの意識が精神面に大きく影響してしまいます。それは当然です。数百万円という高額な金額の買い物は、よほどの富裕層は別として、人生の中でそうひんぱんにはありません。１万円の10％は千円ですが、500万円の10％は50万円です。高額な工事になるほど、少しの割合でコスト削減するだけで軽自動車が買えるほどのお金が節約できてしまうのです。日頃は目先の節約より長期的な視野で物事を考えている人でも、少しでも費用を安く抑えたいとか、ちょっとでも節約したいと考えるのは仕方がないことです。

しかし、ここで冷静になって考えてほしいのです。

　確かに500万円の工事において、わずか10％のコストダウンに成功するだけで50万円という大きなお金を節約できます。とても得をしたように感じるかもしれません。ですが、50万円の工事金額を節約するということは、単純に考えて50万円分の「何かしらの工事」を削減するということです。その「何かしらの工事」が、そもそも過剰な工事、つまりオーバースペックな内容であれば特に問題ありません。問題なのは、コストダウンした50万円分の工事の中に必要な工事内容が含まれているケースです。実はこのケースが意外と多いのです。

　なぜそんなことが起こるのかと言うと、工事業者の側に「長期的な視点」ではなく「目先の損得」で考える業者が多いからです。

　工事を発注する側、つまりお金を払う立場からすれば、できる限りコストを低く抑えたいのは当然です。少しでも安いほうが良いのは誰もが同じはずです。ただし、大前提として「安くするために工事内容や工事の品質を落とさないでほしい」と考えています。「目先の損得」で失敗したくないからです。ところが、工事業者の中には「目先の損得」で判断する業者が少なくありません。彼らは「ここで金額を下げなければ他のライバル業者に仕事を奪われてしまう」と考えるのです。その結果、本来カットすべきではない工事をカットしたり、無理な値引きをするなどして、受注することを最優先に考えてしまうのです。そこに「長期的な視点」は一切ありません。「長期的な視点」で考えるなら、もし安易に金額を下げて受注し、適切な工事ができなければ、結果的にお客様が後悔することになり、お客様からの信頼を失ってしまいます。お客様からの信頼を失えば、先々に発生するリピート発注や、他のお客様をご紹介いただけるチャンスも失うことになります。つまり工事業者として「長期的な視点」で考えたら安易な値引きは絶対にすべきではないのです。しかし、「目先の損得」だけを考えると、安易に値引きしたほうが工事を発注していただける可能性が高くなります。「値引きしても品質は下げません」と口で言うだけなら簡単です。

まともな工事業者なら「やってもいいコストダウン」と「やってはいけないコストダウン」を、丁寧に根気強く説明するでしょう。長期的な視点で考えて、重要な工事と後回しにしても良い工事を明確にし、それを踏まえたうえで、少しでも工事金額を安くできるように最大限努力するはずです。それがプロの責任です。本当に長期的な視点で考えている業者であれば、値引き要請に安易に応じたり、簡単に仕様を変更することはないのです。真面目な業者なら、建物の状況を正確に把握し、必要な工事をしっかり見極めてから工事の仕様を決め、そのうえで適正価格の見積を算出しているからです。そもそも安易に値引きする余地がありません。

　大切なので繰り返しますが、建物メンテナンスにおいては「長期的な視点で考える」ことが重要です。「目先の損得」で判断すれば、後悔する可能性が高くなってしまいます。最も警戒すべきなのは目先の仕事がほしい工事業者です。彼らは、決して長期的な視点で考えてはくれません。彼らは目先の損得でしか考えていません。そのような業者を信頼してはいけません。あなたの大切な建物を守るためには、自分自身が「長期的な視点」で考えなければならないのです。

　安易に値引きする業者や、最初に提案した仕様（工事内容）を簡単に変更する業者には注意が必要です。

建物の寿命を延ばす工事、寿命を縮める工事

　建物メンテナンスにおいては、同じ内容の工事であっても、材料の違い、仕様の違い、工法の違いなど、様々な違いが発生します。また、使用する材料や仕様・工法が全く同じであっても、施工する職人さんの技術力、いわゆる腕の差によって結果が大きく変わります。建物メンテナンスを検討する際は、そのような様々な違いがあることを理解したうえで、工事を計画し、工事業者の選定をしなければいけません。

　良い工事をすれば建物が長持ちする、良い工事は建物の寿命を延ばすと言えば、誰もが納得できると思います。でも、逆に建物の寿命を縮めてし

まう工事がある、と言えばどうでしょう。工事をしてもプラスにならない どころか、逆にマイナスになってしまうという話は、なかなか理解しづら いかもしれません。数十万円、あるいは数百万円かけた工事が、建物にとっ て意味がないどころか、かえって害を与えているという信じがたい話です。 しかし、そのような工事は決して珍しい話ではありません。

　一例をあげましょう。個人住宅の外壁塗り替え工事において実際にあっ た話です。経験が浅く知識に乏しい塗装業者が間違った処置をした結果、 かえって建物を傷めてしまったという事例です。

　もともとその住宅に特に目立った問題はありませんでした。築15年ほ ど経過したため、そろそろ頃合いだと考えて、地元の塗装工事業者に外壁 の塗り替え工事を依頼したのです。外壁はサイディング張り（窯業系）で す。普通に考えれば（普通に塗装するだけなら）建物にとって何かしらプ ラスになりこそすれ、少なくともマイナスになることはあり得ません。と ころが、そのありえないことが起きてしまったのです。

　発端は「雨が降った翌日に基礎部分に雨染みができていることがある」 というお客様の一言だったようです。雨が降った翌日、基礎コンクリート 部分に濡れた跡ができることがあり、すごく気になっていたらしいのです。 そこで、外壁塗り替え工事のついでに見てほしいと塗装業者に相談したの です。相談を受けた塗装業者が基礎コンクリート周辺を念入りに観察した 結果、原因と思われる隙間があることを発見しました。そして、外壁塗り 替え工事のついでに、その隙間をシーリング材で塞ぐことにしました。し かも無償サービスでやってくれるとのことです。

　お客様もハッピー。お客様に感謝された塗装業者もハッピー。お互いハッ ピーなまま無事に工事を終わることができました。

　私が相談を受けたのは、その外壁塗り替え工事が終わってから約3年 後でした。工事が終わった直後は、とても良い仕事をしてもらったという 満足感と、これで大丈夫という安心感から、あまり建物のことを気にかけ ていなかったようです。しかし、1年ほど経った頃、雨の翌日基礎コンク

リートに以前と同じ雨染みができているのを発見したのです。

「せっかくサービスでやってくれたけど、やっぱり直ってなかったんだな」と、少し残念ではあったものの、工事をする前からあった現象です。塗装業者が無償でやってくれたサービス工事では改善しなかったというだけ。お金も払っていないし、特に損したワケではありません。まあ仕方がないかという程度の認識だったようです。ところが、さらに1年ほど経つと、雨染みが以前に比べて格段に大きくなっており、その範囲も明らかに拡大していることに気付いたのです。さすがに心配になって同じ塗装業者に相談したところ、相変わらず親切に対応してくれました。「ひとまず怪しいところをシーリング材で処置して様子をみましょう」と、いろいろな場所をシーリングで補修してくれました。しかし、残念ながらシーリング補修した後も、雨が降るたびにやはり雨染みが出ます。しかも、どんどんひどくなってきて、翌日まで待たずとも、雨が降った数時間後には雨染みが出るようになってきました。大きさや範囲も拡大する一方です。

親切な塗装業者は、その後も雨染みができるたびにやって来て、そのたびに怪しそうな場所にシーリングをしてくれました。しかし、それを何度も繰り返すうち、いよいよシーリングをする場所がなくなってしまったのです。ついに「これ以上はもう無理です。私にはわかりません」と白旗を上げてしまいました。お客様としても薄々「この業者さんでは無理かも」と感じていたこともあり、その塗装業者を諦めて雨漏りのプロフェッショナルである私に声がかかったのです。

現場の状況を確認した私は、ひと目見ただけで基礎コンクリートに広がる雨染みの原因と、ここに至るまでの経緯を理解できました。詳しい話を聞くまでもありません。全てが手に取るようにわかりました。驚いたことに土台水切りとサイディングの隙間がシーリング材で塞がれていたのです。

3年前の外壁塗り替え工事の際、塗装業者が発見した怪しい隙間とは、土台水切りとサイディングの隙間だったのです。

多少なりとも建築の知識があれば、この部分を塞いではいけないことは

誰でも知っています。この隙間は、サイディング外壁の裏に浸入してしまった雨水を排出するための大切な隙間、つまり雨水の出口なのです。3年前の塗り替え工事の際、この大切な隙間を塞いでしまったため、サイディングの裏にまわった雨水が逃げ場を失ってしまっていたのです。その結果、もともとあった基礎コンクリートの雨染みが年を追うごとにどんどん悪化してしまったのです。また、そもそもの基礎コンクリートの雨染みの原因が新築時の瑕疵だったこともわかりました。本来であれば土台水切りの上（前）に被っているべき透湿防水シートが、土台水切りの裏（後ろ）に貼ってあったのです。土台水切りを設置してから透湿防水シートを張るのが正しい工程なのですが、その順番が逆になっていたのです。そのことが原因で、新築当初から、サイディングの裏にまわった雨水の一部が、本来通るべき土台水切りの上を通らず、土台水切りの裏側に流れ込んでしまい、基礎コンクリートに雨染みを発生させていたのです。それに加えて、3年前の塗り替え工事の際に、土台水切りとサイディングの隙間をシーリングで塞いでしまったため、雨水が完全に逃げ場を失ってしまい、大量の雨水が土台側に流れ込むようになったのです。大量の雨水が土台側に流れ込む状況を繰り返し続けた結果、土台の木材が雨水で濡れる状態が長く続いてしまい、残念ながら木材の腐朽が進行していました。不幸中の幸いだったのはシロアリの被害が発生していなかったことです。あと数年この状態が続けばシロアリ被害が発生していた可能性もあります。

　このように、本来は塞いではいけない隙間にシーリング材を打ったことで、建物にとってプラスになるどころか、逆に大きなマイナスになる状況を生み出してしまっていたのです。親切な塗装業者がついでにやってくれたサービス工事が、結果としてお客様の建物を傷めていた事例です。親切なのは良いことですが、正しい知識がなければ、かえって親切が仇になってしまいかねません。このケースはあくまでも一例ですが、数十万円〜数百万円かけ、大切な建物の寿命を延ばすためにやった工事が、全くプラスにならないどころか、逆に建物の寿命を縮める結果になってしまうことは、

決して珍しい話ではありません。工事を発注する施主として正しい知識を持つことが大切ですが、何より大切なのは正しい知識を持っている専門業者に発注することです。どんなに親切な業者でも、正しい知識がなければ大切な建物を台無しにしてしまうのです。

「10年過ぎたら外壁塗装しないと建物が傷みますよ」のウソ

　建物を長持ちさせるために、外装工事・外装メンテナンスが果たす役割は重要です。「形あるものはいつか壊れる」と言うように、どんなに頑丈に建てた建物でも年を追うごとに劣化が進行します。ほったらかしで長持ちする建物などありません。数百年前に建てられた寺院や神社などの歴史的な建造物も、数十年に一度のメンテナンス工事を繰り返しながら維持管理（保全）しています。

　外装とは、読んで字のごとく建物の「外を装う」、つまり雨や風などの外側から襲ってくる物理的な影響を受け止め、建物を守る役割があります。外装の劣化は建物の傷みに直結する場合が少なくありません。例えば屋根の瓦が割れれば瓦の裏側に雨水が回り込みます。瓦の下にはアスファルトルーフィングなどの防水シートが張ってありますので、瓦が割れたからと言って、すぐに雨漏りするわけではありません。しかし、通常よりも大量の雨水が瓦の裏に回り込み、アスファルトルーフィングの上を流れることになります。その結果、スレート瓦や桟木を固定している釘の穴から、屋根の下地である野地板まで雨水が到達するようになり、結果的に野地板の劣化や腐朽の進行が早まります。つまり、瓦が割れることにより、屋根を構成している野地板や垂木などの劣化が通常よりも早まるのです。

　外壁においても同じことが言えます。外壁のサイディング材にヒビ割れや欠損が生じ、サイディングの裏側に雨水が回り込むと、サイディングの下に張ってある透湿防水シートや下地の胴縁、さらには外壁を構成する合板や柱・間柱などが傷んでしまいます。その結果、シロアリなどの被害が発生してしまうケースも少なくありません。

このように外装の劣化や破損・損傷は、建物本体の傷みや腐食・腐朽に影響することは間違いありません。外壁や屋根の外装材が、風雨や紫外線から建物を守っているのです。

では、一般的によく言われている「外装メンテナンスは10年が目安」とか「新築から10年過ぎたら外壁塗装しないと建物が傷む」という話は本当なのでしょうか?

誤解を恐れずに答えると「10年過ぎたら外壁塗装しないと建物が傷みますよ」という言葉はウソであると断言してもよいでしょう。正しくは「適切なメンテナンス時期は建物の状態や環境によって千差万別ですが、あくまでも一つの目安として10年程度を目途に外壁塗装を考えると良いでしょう」と言うべきでしょう。

そもそも「10年過ぎたら外壁塗装しないと建物が傷みます」という言葉に何の根拠もありません。もちろん外壁塗装と建物の劣化は無関係ではありませんが、10年という数字には全く合理性がないという意味です。もしかしたら瑕疵担保責任の期間が新築から10年であることから、10年という区切りの良い数字が独り歩きしている部分があるのかもしれません。いずれにしても10年過ぎたら建物が傷むというのは無理があります。建物の劣化状況は、構造や形状、外装の仕上げ方法、立地条件などの環境によって、建物ごとに千差万別なので、ひとくくりに10年という時間軸で語られること自体がおかしいのです。

実は、この「10年過ぎたら外壁塗装しないと建物が傷みますよ」という言葉は、平成に入ってからリフォーム業界で猛威を振るった訪販系（訪問販売系）の塗装業者によって広まったものです。当時、アポなし飛び込み営業を主体とする、いわゆる訪販系の塗装業者が爆発的な勢いで増えていました。そんな訪販系の塗装業者が多用したセールストークの一つが「10年過ぎたら…」だったのです。いきなり飛び込んできた営業マンに「10年過ぎたら外壁塗装しないと建物が傷みますよ」と恐怖心をあおられ、大切なマイホームを守るため、言われるがまま外壁塗り替え工事を発注して

しまう人が続出しました。たいていの場合まわりの家も同じ時期に建てられているため、外壁塗り替え工事を1件受注したら、同じ時期に建てられた近所の家を狙って、同じセールストーク「10年過ぎたら…」で、2件、3件と芋づる式に受注がとれます。そのため、最初の1件目の外壁塗り替え工事を赤字料金で受注する業者も少なくありませんでした。仮に1件目が赤字でも周辺の家を軒並み受注することで充分ペイできるからです。そんな訪販系塗装業者にしてみれば「10年過ぎたら外壁塗装しないと建物が傷みますよ」は最高のセールストークとなります。分譲から10年ぐらい経過した住宅地で根こそぎ受注できるのです。そのため、訪販系塗装業者のほとんどが「10年過ぎたら…」というセールストークを多用するようになり、その結果、リフォーム業界全体に広く定着していったのです。

　本書において、はっきりと断言します。「10年過ぎたら外壁塗装しないと建物が傷みますよ」という言葉は間違いです。訪販系の塗装業者のセールストークが広まって定着したにすぎません。

　もちろん建物の劣化状況によっては、新築から10年程度で外壁塗装をしたほうが良いケースもあります。ただし、逆に10年どころか15年、20年ぐらいほっといても大丈夫という建物だってあるのです。つまり、外壁塗装などの外装メンテナンスの適切な時期というのは、建物ごと個々に違うということです。建物の構造や外装の仕様、立地条件などの外部環境によって全く変わってくるのです。一つ一つの建物に、それぞれ個別の「適切なメンテナンス時期」があるのです。少なくとも「10年過ぎたら外壁塗装を」などという何の根拠もないセールストークを鵜呑みにしてはいけません。営業マンやセールスマンは、工事を受注したいがために、いかにしてお客様の不安をあおるかを考え、セールストーク（脅し文句）を編み出してくるプロフェッショナルなのです。

誰も言わない大規模修繕工事の真実

　業界全体を敵に回す覚悟で真実を明言します。マンションの大規模修繕

ほど無駄が多い工事はありません。数千万あるいは億を超える大規模修繕の工事金額の中には、相当な割合で無駄な項目が含まれています。無意味な工事と言っても過言ではありません。

　マンションの大規模修繕工事で無駄が生じやすい理由の第1として、工事規模が大きいということがあります。規模が大きいために、工事の項目が多くなり、各項目ごとに細かな無駄が発生しやすくなります。なおかつその無駄が発見されにくいという問題があります。広い海で小さな落とし物を探すのが難しいのと一緒です。その発見されにくい特性を利用（悪用）して、各項目にあえて無駄な工事を忍ばせる施工業者も少なくありません。規模が大きいほど無駄が起きやすいのは大規模修繕工事に限った話ではありません。何事も規模が大きくなると目の行き届かない範囲が増え、無駄が隠れる場所がいっぱいできるからです。大規模修繕工事の中には、あちこちに小さな無駄が隠れて（隠されて）おり、その積み重ねが数十万円、数百万円の無駄につながっているのが実態です。

　無駄が生じやすい第2の理由として、マンションの大規模修繕工事の場合、ほとんどの建物がRC造（鉄筋コンクリート造）であることから、お客様（ユーザー）にとってわかりづらい側面があります。一般的な木造住宅と違い、RC造は一般の人間にとって馴染みがないのです。構造についても外部の仕上げについても、具体的な内容をわかっていない人のほうが多いでしょう。その結果、業者の言いなりになってしまうケースが増えるのです。自分がわからない以上、専門業者を信じて任せるしか方法がありません。信頼して任せられた専門業者は「さほど必要ではない工事」も積極的に見積項目に入れる傾向があります。なぜなら、お客様から信頼されて任された以上、工事後に「どうして○○の部分をやってくれなかったのですか？」と工事の不足を指摘されるのが怖いからです。工事が終わったあとで指摘を受けたりクレームになるぐらいなら「さほど必要でない工事」も、やっておいたほうが無難という判断です。「しなかった」ことに対する指摘は「手抜き」や「いい加減」といった悪いイメージを持たれるリス

クがあります。しかし、「さほど必要でない工事」をしたことに対する指摘には「丁寧にやりました」とか「念を入れてやりました」と答えることができるからです。そもそもお客様は素人なので「さほど必要でない工事」を指摘されることはほとんどありません。「さほど必要でない工事」をやることによって全体の工事金額は高くなり、売上や利益が増えることにつながります。つまり工事後の指摘やクレームのリスクを回避しつつ、それが自社の利益にもつながるわけです。工事業者にすれば、わざわざ「さほど必要でない工事」をカットして工事金額を下げる理由はありません。このような理由によって「さほど必要でない工事」が、見積書の項目に次々と追加され、無駄な工事のオンパレードを生み出しているのです。

　無駄が生じやすい第3の理由として、大規模修繕工事の場合、関わる工事業者（職人）が多くなることで生まれる無駄があります。第1の理由として上げた、規模が大きいから無駄が発生しやすい話と重複する部分もありますが、関わる人間が増えればそれに比例して無駄が増えるのは必然です。戸建住宅のリフォームや外装工事の場合、関わる業種（職種・職人）は2〜3業種ぐらいのケースが多いですが、RC造の大規模修繕工事となると10業種近くの業種が関わってきます。単純計算として、1人の職人に一つの無駄が発生すると、10の無駄につながることになります。また、業種が増えることで工程管理が複雑になり、業種（職人）間の連携も難しくなってしまいます。本来であれば、ちょっとしたコミュニケーションで防げる無駄も防げないことが多くなります。このように大規模修繕工事において無駄が起きやすいのには明確な理由があるのです。

　さらに分譲マンション特有の問題もあります。

　分譲マンション特有の問題には、第1に「管理会社まかせ」という基本的かつ大きな問題があります。単に管理会社を批判しているわけではありません。分譲マンションと管理会社の関係性は必要不可欠でありながら、その反面、構造的な問題を抱えているのです。

　分譲マンションのような集合住宅においては、共有部分の管理という面

で管理会社の存在は必要不可欠です。特に分譲マンションの場合、共有部は共有財産であるため、管理会社を通じて適切に管理する必要があります。近年、「自主管理」というマンション管理体制も注目されていますが、実際の管理業務については管理会社に業務委託しているのが現実です。良いか悪いかは別として、管理会社の存在なしで分譲マンションの円滑な管理運営は成立しないと言っても過言ではありません。分譲マンションにとって管理会社は決して切り離せない大切な存在なのです。ところが、何事も表裏一体でプラス面とマイナス面があるように、分譲マンションに管理会社が必要不可欠な存在である反面、そのことが原因で別の問題が生じてしまうのです。それは管理会社への依存です。

　分譲マンションの管理運営は、所有者の代表で構成された管理組合が管理会社に委託するかたちで実施されています。管理組合は所有者の代表なので、マンションの所有者そのものと言えます。マンションの所有者である管理組合は、実質的な管理運営を専門家である管理会社に委託し、管理会社から派遣された社員や外注スタッフが、日々の管理業務を行っているわけです。一つの建物の中にいろんな家庭が何十世帯も入っているわけですから、日常的に大小様々な問題が発生します。それら沢山の問題は、全て管理会社が管理組合を代行して処理することになります。結果的にマンションで起きる全ての問題について、その原因から対応・対策まで管理会社だけが把握している状態が生まれてしまいます。この状態が長年続くことによって管理組合は管理会社に完全に依存した状態に陥ってしまいます。管理組合の理事や理事長には任期があり、数年ごとに人が替わるため、結果的にマンションの持ち主である管理組合より、管理会社のほうがマンションのことをよくわかっている状況になります。こうなるとマンションで発生するありとあらゆる問題を全て管理会社に無条件でお願いするしかありません。結果的に多くの分譲マンションにおいて、管理を委託している管理会社に大規模修繕工事を発注するという現象が生まれるのです。もはや完全に丸投げかつ任せっぱなしの状態なので、厳しい言い方になりま

すが、全てにおいて管理会社の言いなりにならざるを得ません。

　大規模修繕工事を管理会社が自社で施工することはありません。下請けの外装工事会社に丸投げすることになりますが、管理会社の取り分として、工事管理費という名目の中間マージンが発生します。発注側からすれば、まさに無意味な費用であり、無駄なお金ですが、「管理会社まかせ」という依存状態に陥ってしまっている以上、受け入れざるを得ません。

　分譲マンション特有の問題として、第2に「管理組合の責任回避体質」という問題があります。厳しい言い方になりますが「管理組合理事の責任逃れ競争」と言ったほうがわかりやすいかもしれません。ようするに管理組合の理事が、決定・決断に対して責任を問われることを恐れ、無難に「これまで通り」という前例踏襲の決定・判断をしがちになるのです。新しいものにチャレンジし、万一失敗でもしようものなら「余計なことをして損害を発生させた」と非難されることは明らかです。下手をしたら訴訟を起こされるリスクすらあります。管理組合の理事長にしても理事にしても、わずか数年の任期です。その短い任期の間は無難に乗り切りたいと考えるのは当然のことです。むしろ常識的な態度とすら思えます。「責任逃れ競争」などと厳しい言い方をしましたが、普通の感覚であればそうならざるを得ません。結果的に分譲マンションの大規模修繕工事は、日常的に依存している管理会社の言いなりになるケースが多くなるのです。言葉は悪いですが、この依存状態を作り出してしまえば、管理会社としては「やりたい放題」です。日常の管理はもちろんのこと、日々の小さな営繕工事から大規模修繕工事まで「さほど必要でない工事」を積み重ねていくことになるのは火を見るより明らかです。

　昨今では、管理会社の「やりたい放題」に対して業を煮やした管理組合が、もっと自主的（主体的）にマンションの管理運営をしようという風潮も生まれてきています。「自主管理」と称して管理組合が主体的な立場で、積極的に管理に関わっていく方式が増えています。管理会社へ丸投げするのではなく、一つひとつの仕事に対して細かく注文をつけるなど、管理会

社と連携しながら管理運営をする管理組合も増えてきました。また、大規模修繕工事専門のコンサルティング会社や、大規模修繕工事の際に、第三者の立場で工事を管理・指導する設計事務所（建築士事務所）も増えてきました。いずれも大規模修繕工事そのものは請け負わず、あくまでも第三者的な立場から管理組合を代行して施工業者を管理するという点が、管理会社依存から脱却したい管理組合に支持されているようです。少しずつではありますが、分譲マンションの大規模修繕工事が抱える闇の部分が明らかになりつつあり、良い方向に進んでいるのは間違いありません。しかし、本来は第三者的な立場であるはずのコンサルティング会社や設計事務所が、裏で密かに施工業者と結託しているという新たな問題も発覚しています。マンションの大規模修繕工事に関わる問題は、まだまだなくなる気配はありません。

　結局のところ、大切なマンションを守るのはマンション管理組合の自己責任だと言えます。管理会社に依存した結果、管理会社に「やりたい放題」にやられるのも、コンサルティング会社と施工業者が裏で結託しているのを見抜けずに「やりたい放題」にやられるのも、全ては管理組合で判断し選択した結果なのです。そのような残念な事態を招かないためにも、管理組合、つまりマンション所有者自身が、正しい知識を身につけて、無駄な工事と必要な工事を見極めるしかないのです。正しい知識を身につけるためには、本書のような専門実用書を読んだり、工事施工業者に一つひとつ細かな説明を求めたり、面倒くさがらずに自らが行動するしかないのです。

メンテナンスもやり過ぎれば害になる

　「過ぎたるは及ばざるが如し」という言葉があります。論語の言葉で、なにごとも「やり過ぎ」は「やり足りない」ことと同じように良くないという意味で使われています。建物メンテナンスにおいても同じことが言えます。良かれと思ったメンテナンスも、やり過ぎてしまうと建物に悪影響を与えることすらあるのです。

では、建物メンテナンスのやり過ぎとはどういうことを指すのでしょうか。一つ例をあげると、建物の手すりや鉄骨階段など、鉄部の塗装工事のやり過ぎがあります。いわゆるペンキ塗り替え工事ですが、普通に考えれば小まめにペンキを塗り替えるのは悪いことではありません。鉄製の手すりや鉄骨階段、鉄扉などは小まめに塗り替えないと錆が出てしまいます。錆を放置すると腐食が進行し、最終的には穴があいたり欠損してしまいます。私自身も普段から「鉄部塗装だけは小まめにやってください」とアドバイスをしているほどです。錆が進行し腐食してしまってからでは遅いからです。そんな鉄部塗装ですら、やり過ぎてしまうと建物にとって良くない問題が起きる場合があるのです。

　例えば、鉄部の塗装工事を繰り返し、ペンキを塗り重ねることによって、塗膜が厚くなってしまいます。普通に考えれば塗膜が厚くなることは良いことのように思えるかもしれません。実際に塗膜が厚くなること自体が悪いわけではありません。しかし、例えば鉄扉などの場合は、塗膜が厚くなり過ぎたことによって、扉と枠が擦れるようになり、開閉に支障をきたす不具合が生じるケースがあります。鉄柵や門扉の可動部でも同じ現象が起きることがあります。塗り重ねて厚くなってしまった塗膜は、いざ剥がそうと思っても簡単には剥がれません。もし可動部に不具合が起きた場合、塗膜を剥がすだけでも相当な手間とコストがかかってしまいます。小まめにペンキの塗り替えをやること自体は良いのですが、先々そういう事態に陥らないよう計画的に実施することが重要です。毎回全てを塗り替えるのではなく、傷み具合によっては錆の部分だけを処理する（タッチアップ塗装）などの工夫があっても良いでしょう。

　このようにペンキの塗り替え一つとっても、やればやるほど良いわけではありません。何事にも適正ということがあります。建物のメンテナンスも、やり過ぎてしまい、かえって建物に問題が生じないように気をつけなければなりません。「過ぎたるは及ばざるが如し」なのです。

2 | 悪徳業者の見分け方

リフォーム業界のウラ事情〜職人の腕は落ちている？〜

　昨今の建設業界における最大の問題は職人不足です。一般社会の高齢化よりはるかに早いスピードで職人さんの高齢化が進んでいます。職人になりたいという若い世代が激減していることが原因です。若い世代が激減している理由は単純明快で、職人という仕事が若い人にとって魅力がないからです。ひと昔前のように「仕事はきついけど他の仕事より稼げる」とか「手に職をつけて将来は独立する」といった職人のメリットや夢がなくなりつつあるのです。そもそも人手不足は建設業界だけの問題ではありません。製造業にしろ、サービス業にしろ、他の業界においても人手不足は最大の問題です。つまり若い人材は引く手あまたの状況なのです。報酬や待遇面を含め、企業間あるいは業界間において、人材の争奪戦が始まっています。あらゆる業界・業種が人材不足という売り手市場の状況において、「職人」の仕事と他の仕事を相対的に比較した時、若者が夢や希望を見出しにくくなっている現状があるのです。建設業界においては今後もますます人手不足、職人不足が深刻化していくでしょう。

　そんな建設業界における「職人」の世界の話ですが、高齢化や人手不足の他にも大きな問題を抱えています。それは「職人」のレベルの低下です。わかりやすく言えば「昔と比べて職人の腕が落ちている」のです。職人の腕が落ちている原因は大きく分けて二つあります。一つは「技術の進化」、もう一つが「技術の断絶」です。

　一つめの「技術の進化」についてご説明しましょう。「技術の進化によって職人の腕が落ちている」とは、いったいどういう意味なのでしょうか。

　技術はあらゆる分野で進化し続けています。インターネットやスマホに代表される IT 関連、自動車産業やロボット関連、あらゆる業界において技術は日進月歩で進化しています。建設や土木に関する技術も日々進化し続けており、数十年前の技術と今の技術を比べると隔世の感があります。

例えば道具の進化があります。昭和の時代に手でやっていた作業が今で
はほとんど機械に変わっています。大工さんのノコギリは電動ですし、釘
打ちもエアコンプレッサーによる釘打ち機に変わっています。道具が進化
することで作業スピードが上がり、効率化と工期短縮につながっています。

　建材も進化しています。例えば板金工事の部材です。昔は板金の職人さ
んが、1枚の金属板から自分のハサミで切り出し、自分の手で折って加工
していました。一つ一つの部材を現場で手作りしていたのです。今では板
金工事で使用する部材のほとんどが工場のプレス機で折られて作られてい
ます。極端な話、現場では取り付けるだけです。板金工事に限らず、昔は
大工さんが手刻みで加工していた木材も、今はほとんど工場でプレカット
されており、現場では組み立てるだけとなっています。また、高層ビル建
築などの最新の建築技術も日々進化し続けており、一昔前では考えられな
いようなデザインの建物が、考えられないようなスピードで建設され続け
ています。

　このように建設における様々な技術が進化したことで、現場での作業は
徹底的に効率化され、それに伴ってスピード化が進み、圧倒的な工期短縮
や低コスト化を実現しています。

　本来このような「技術の進化」は望ましいことです。しかし、その半面
「職人さんの腕が落ちる」ことにもつながってしまう場合があるのです。

　わかりやすい例え話をします。私の父親は日本でモータリゼーションが
始まった昭和30年代頃に長距離トラックのドライバーをしていました。
まだ自家用自動車（マイカー）がほとんど普及していない時代で、車その
ものが珍しかった時代です。当時の自動車は今とは比べ物にならないぐら
い完成度が低く、故障して立ち往生することが日常茶飯事でした。また、
今のように高速道路もほとんどなく、国道を少しでも外れたら舗装されて
いません。道路状況の悪さも車が故障する要因になっていたようです。

　そのような事情ですから、荷物を積んだトラックで長距離を走ることは、
途中で何かしらの故障をする可能性が極めて高かったのです。つまり長距

離輸送中にトラックが故障する前提で走らせなければなりません。JAFの
ようなサービスも充分に広がっていない時代ですので、もし何もない峠道
の途中でトラックが止まったら、助けが来るまで何時間も待たないといけ
ません。場合によっては翌日まで待つことになります。必然的にドライ
バーには、故障したトラックをその場で修理する能力が必要でした。若手
の自動車整備士ぐらいの知識や経験がないとトラックドライバーは務まら
なかったのです。逆に言えば、故障が日常茶飯事なわけですから、好むと
好まざるとにかかわらず自ら修理するしかなく、結果的に技術が身につく
という現実がありました。当時のトラックドライバーは、まず近距離のド
ライバーとして経験を積み、運転の技術や道路を覚えながら、初歩的な修
理技術を身につけるのです。そのうえで長距離トラックのドライバーにス
テップアップする流れがあったようです。その後、急速に自動車の完成度
が高まっていきます。最近では路肩で立ち往生している車を目にすること
も珍しくなりました。道路事情も以前とは雲泥の差があります。日本全国
に高速道路網が整備され、未舗装の道路はほとんどありません。トラック
が故障する可能性は低く、万一故障してもJAFのような緊急サービス網
が全国津々浦々まですぐに駆けつけてくれます。その結果、長距離トラッ
クのドライバーさんに車を修理する技術は必要なくなったのです。このよ
うにして自動車や道路事情が進化すると同時に、昔の長距離トラックのド
ライバーさんたちが持っていたノウハウや技術は失われていったのです。
もちろんそれをもってドライバーの腕が落ちたというのは失礼かもしれま
せん。腕が落ちたというよりも、必要がなくなっただけなのですから。

　例え話が長くなってしまいましたが、建設業界でもトラック業界と同様
のことが起きているのです。ひと昔前、大工さんが現場で手刻みしてい
た「ほぞ」や「ほぞ穴」は、今では全て工場で作られており、現場では組
み立てるだけになっています。ひと昔前なら板金屋さんが自分で切ったり
折ったりした水切り板金の役物が、今では加工品として完成した状態で現
場に届きます。大工さんにしても板金屋さんにしても現場で刻んだり作っ

たりする必要がなくなったのです。必要ない技術、使う場がない技術をわ ざわざ習得する人はいません（稀に探究心があり勉強熱心な職人さんもい ますが）。結果的に、「技術の進化」によって昔の職人さんが持っていた技 術が失われてしまったのです。

　長距離トラックのドライバーさんの場合、車を修理する必要性がなく なっただけですので、それをもってドライバーさんの腕が落ちたと言うべ きではありません。しかし、職人さんの場合は違います。なぜなら職人さ んたちの失われた技術は、完全に必要なくなったわけではないからです。

　確かに現場で部材を加工する機会はほとんどなくなりました。しかし、 建築やリフォームの現場においては、工場で作られた部材が適合しないこ とも珍しくありません。そのような時、臨機応変な対応が必要になります。 部材に手を加えて加工したり、あるいは新たに部材を作ったり、その場で 問題を解決するために基本的な技術やノウハウが必要なケースは少なくな いのです。そのようなことを考えると、最近の職人さんは腕が落ちている と言わざるを得ないのです。もっと積極的に昔ながらの建築技術に興味を 持ち、昔の職人さんたちの技術やノウハウを学んでほしいと思います。

　ここまで「技術の進化」が「職人さんの腕が落ちる」ことにつながった 話を書きました。ここからは「技術の断絶」によって「職人さんの腕が落 ちた」話です。

　昭和の時代は高度経済成長を経て、ビル、住宅、マンションと、雨後の 筍のように建物が建ち続ける、いわゆる建設ラッシュが続きました。建設 ラッシュと連動して職人さんの数も増え続けました。見習い職人として親 方に弟子入りし、10年程度しっかり修行したら次は自分が独立して親方 になり弟子をとります。さらにその弟子もいずれ親方として独立します。 その好循環の中、建設ラッシュとともに、まるで富士の裾野が広がるよう に職人さんも増え続けていきました。振り返ってみると、この頃が建設業 界にとって最も良い時代だったのかもしれません。そんな建設ラッシュに ピークがやってきます。1980年代のいわゆるバブル期です。このバブル

期の建設業界は尋常ではありませんでした。今冷静に振り返ると、当時の建設業界は完全にキャパシティを超えてしまっていたと断言できます。建設業界全体の施工能力を、受注量が完全にオーバーしていたのです。

建設業界の成長とともに順調に裾野を広げてきた職人の世界は、この異常なバブルの波に飲み込まれてしまい、それまで培ってきた好循環のサイクルが完全に破綻してしまいました。大手ゼネコンの現場では、数日前に高校を卒業したばかりの若い職人が、さらに若い職人から先輩と呼ばれ、その後輩に対して指示を出していました。本来であれば見習い職人として補助的な作業ぐらいしかできない新人レベルの人間が、自分よりもさらに経験が浅い新人を指導しているのです。決して誇張した話ではありません。こんな話が珍しくないぐらい当時の建設業界は混乱しており、現場の人手不足は深刻でした。ゼネコンや工務店の間で当然のように職人の争奪戦が始まりました。その結果、職人の常用人工（日当）が、2万円→3万円→4万円と、みるみるうちに上がっていきました。バブルの最盛期には日当5万円はざらで、工期に追われて切羽詰まった現場ともなると、日当8万円とか10万円という考えられない大金が飛び交いました。それでも職人が集まらないのです。完全に異常な世界ですが、工事を進めたい現場監督は必死です。もし職人争奪戦に敗れれば、現場は完全に止まってしまいます。追い詰められた現場監督たちは、苦肉の策として、いや「禁じ手」とも言うべき手段で事態の打開を図るようになります。他のゼネコン系列の下請け職人の中から、中堅クラスの職人に甘言を弄して独立を促すのです。まだまだ親方から教わるべき技術やノウハウが沢山ある中堅クラスの職人を、甘い言葉でけしかけて独立させ、親方にしてしまうのです。もともとほとんどの職人が「いずれ自分も親方として独立したい」と思っていますから、まさに渡りに船です。

本来であれば10年から15年の修行をし、親方の持っている技術やノウハウを一通り学んでから独立するのが理想的な流れです。独立後も最初のうちは師匠から仕事を回してもらう必要もありました。建設業界におけ

る元請け下請けの関係は全て信用の上に成り立っていたのです。親方を裏切るようなかたちで中途半端に独立しても信用を失いどこからも仕事が回って来ません。しっかりした技術とノウハウを身につけ、さらに長年働いて積み重ねた信頼関係があって初めて独立できたのです。

　しかし、バブルがそれらの仕組みを全て破壊しました。本来であれば独立するには技術も経験も全然足りない中堅クラスの職人が、現場監督の甘い誘いに乗ってどんどん独立していきました。いつかは一国一城の主になりたい、1日も早く独立したいという強い願いを持ちながら、親方の下で修行を続けていた彼らにしてみれば、今すぐに「修行の身」から「夢だった親方」になれるのです。断る理由はありません。独立すればどれだけ儲かるか、自分の親方を見ていれば嫌というほどわかりますから、独立しないほうが不思議でしょう。こうしてバブルが弾けるまで職人の取り合いは続きました。そのうちに中堅クラスどころか、職人になって2〜3年という見習い職人に毛が生えた程度の若手にまで独立の誘いがかかるようになります。このお祭り騒ぎのような独立競争は、やがてバブル崩壊とともに落ち着いていくことになりますが、この時期、とても多くの「中途半端な親方」が誕生してしまいました。独立する前に身につけておくべき知識や技術を持たないまま独立してしまった経験値の少ない親方が、次の世代の職人を育てることになってしまったのです。

　このようにして建設業界に「技術の断絶」が起きてしまいました。正確には「技術の継承が断絶した」と言ったほうが良いのかもしれません。前の世代から次の世代へと受け継いでいくべき技術や知識、経験とノウハウが、バブル期を境に完全に絶たれてしまったのです。基本的な知識や根本的な技術を身につけていない親方の元で修行した職人たちが今の建設業界の中心になりつつあります。親方が持っていない技術や知識を、その弟子が身につけられる可能性はありません。「技術の断絶によって職人さんの腕が落ちた」という話には、このような特殊な事情と経緯があったのです。

建物診断や雨漏り調査を無料でやる業者には要注意！

　私が雨漏り110番のホームページ（Webサイト）を立ち上げた15年ほど前は、インターネットで「雨漏り」と検索しても雨漏り専門業者はほとんどヒットしませんでした。その後、雨漏り110番のサイトを立ち上げると毎日のように全国からたくさんの問い合わせが届くようになりました。どのお客様も口を揃えたように「今までどこに頼めば良いのかわからなくてずっと困っていた」と仰っていました。今から15年ぐらい前は、それほど雨漏り修理の専門業者が少なかったのです。

　ところが、2020年を迎えた今は様相が一変しています。インターネットで「雨漏り」と検索すると、膨大な数の雨漏り修理業者や、修理業者を斡旋するマッチングサイトが表示されます。15年前は業者が少なすぎて「どこに頼めば良いのかわからない」状態だったのが、今では業者が多すぎるため「どこに頼めば良いのかわからない」状態なのです。

　選ぶのに迷ってしまうほど沢山存在する雨漏り修理業者の中から、何を判断基準にして選べばよいのでしょう。工事業者を選ぶ際には、いろいろな判断基準があります。工事の実績や会社の規模、修理にかかる料金、担当者の人柄など、業者ごとに様々な要素を比較検討したうえで最終的に工事業者を決定することになります。比較検討の際、判断基準の一つとして、是非お伝えしておきたいことがあります。それは、「建物診断や雨漏り調査を無料でやる業者には注意してください」ということです。

　重要なので繰り返します。

　建物診断や雨漏り調査を無料でやる業者には要注意！です。

　私たち雨漏り110番グループでは、雨漏りの相談をいただいた場合は、基本的な方針として、まず雨漏り調査をご提案します。まず最初に雨漏り調査の見積書をお出しすることこそが、雨漏り解決のための第一歩であるというのが私たち雨漏り110番の根本的な考えです。しかし、雨漏り調査の提案をすると、「雨漏りを直してほしいのであって、調査をしてほしいわけじゃない」あるいは「雨漏り調査にかかる費用がもったいないから、

調査をせずに修理だけしてほしい」という方が少なくありません。中には「他の業者は無料で雨漏り調査をしてくれるのに雨漏り110番さんはどうして調査でお金をとるのか?」と憤慨されるお客様もいらっしゃいます。

　ネットで検索すると「雨漏り調査無料サービス」を謳い文句にしている業者が数多く存在します。そんな中で、私たち雨漏り110番では、あくまでも雨漏り調査を有料(有償)とし、見積書を提出するスタイルを守り続けています。競合する同業他社が無料で提供しているサービスを、かたくなに有料とし続けるのはビジネスにおける競争原理から考えても、顧客満足の視点から考えても、時代に逆行していることのように思われてしまうかもしれません。しかし、私たちが有料の雨漏り調査にこだわり続けるのには明確な理由があるからです。

　そもそも多くの業者が雨漏り調査無料サービスをアピールしていますが、そのサービスは本当に無料なのでしょうか。同様に建物診断の無料サービスを宣伝している工事業者もいます。外壁塗り替え工事をする塗装業者の中には、足場代無料サービスというキャンペーンをやる業者もいます。

　それらの無料サービスは本当に無料なのでしょうか?

　冷静に考えればわかることですが、足場を組んだらその作業をした職人の人件費は確実に発生します。同じく雨漏り調査をすれば、必ずその分の人件費が発生します。会社としては、その人件費が無料になることは絶対にありません。社員やスタッフ、職人さんが働けば、それに対して会社は、必ず給料や日当を払わなければいけません。もしタダ働きをさせたなら明白な法律違反です。つまり、会社としてはその人件費分を必ずどこかで稼ぐ必要があるのです。結論から言えば、雨漏り調査をしたあとの雨漏り修理の工事代金に上乗せするしかありません。世の中にあふれている様々な無料サービスは、基本的に全て同じ仕組みです。無料で提供した分は、最終的には「何らかのカタチで」必ずお客様が支払う料金に上乗せされているのです。とりあえず雨漏り調査を無料でやったとしても、あるいは、足場工事を無料でやったとしても、必ずそこでかかった経費に見合うだけの

金額が、その後の雨漏り修理や外壁塗装工事の見積書（請求書）に上乗せされているだけなのです。雨漏り調査と雨漏り修理を別々に分けて見積書を提出するのか、あるいは雨漏り調査の費用を雨漏り修理の見積書に上乗せして出すのか、違いはそれだけです。最終的にお客様が支払う総額は同じになる理屈です。

　総額が同じなら結局どっちも一緒だし、雨漏り調査と修理で別々に請求されるより全て終わってからまとめて払うほうが楽だし安心できる。支払いも面倒くさくないからそっちのほうが良い、という考えもあるかもしれません。しかし、本当にそうなのでしょうか？

　いっけんお客様にとってメリットがありそうですが、現実はそうではありません。実は、最終的な支払い総額が同じになるとは限らないのです。場合によっては大きな損をしているかもしれません。

　雨漏り調査を無料でやる業者の真の狙いは、調査を無料でやることで、その後に続く雨漏り修理を受注する確率が上がることなのです。雨漏り調査の無料サービスを依頼したお客様は、たいていの場合、調査後の雨漏り修理を引き続きその業者に依頼することになります。多少の例外はあるにせよ、よほどのことがない限り、雨漏り調査を無料でやっておきながら、その後の雨漏り修理を他の業者に頼むことはないでしょう。結果的に、相見積もり（複数の業者から見積をとって比較検討すること）の機会を失うことになり、雨漏り修理の見積に競争原理が働かず、業者の言い値（相場より高い金額）で発注することになる可能性が高くなります。

　昔から「ただほど高いものはない」と言います。雨漏り調査や建物診断、あるいは足場代の無料サービスといった誘い文句の裏には、このような仕掛けが隠されているのです。「○○無料サービス」をアピールする業者には注意が必要です。

　さて、ここまでは金額面におけるデメリットについて説明しました。雨漏り調査無料サービスは、本当の意味での無料ではなく、その分の人件費が工事代金に上乗せされているだけであり、その結果、雨漏り修理の際に

かえって高くつくという金額面におけるデメリットです。金額の高い安い
も大事ですが、実はそれよりも大きな問題があるのです。

　工事金額が多少高くついたとしても、最終的に雨漏りが止まるのであれ
ば、まだましです。ところが、実際には高い金額を支払って修理したにも
かかわらず、結果的に雨漏りが止まらなかったというケースが驚くほど多
いのです。つまり、単に金額が高い安いの問題ではなく、せっかくお金を
かけたのに雨漏りが解決しないことこそ大問題なのです。

　雨漏り110番グループには、毎日のように雨漏りでお困りの方から相
談の電話がかかってきます。その中でとても多いのが「他の業者さんで雨
漏り修理したけど全く改善しない」とか「他の業者さんで何度も修理した
けど結局のところ雨漏りが止まらない」あるいは「他の業者さんで雨漏り
を直してもらったんだけど、すぐに再発してしまった」という相談です。

　「他の業者で修理した雨漏りが止まらない」という相談が驚くほど多い
のです。決して他の雨漏り修理業者さんの悪口を言いたいワケではありま
せん。しかし、その手の相談があまりにも多いのです。

　なぜ彼らは雨漏りを止められないのでしょうか？そして、なぜ彼らが止
められなかった雨漏りを私たち雨漏り110番なら止められるのでしょう
か？

　その答えこそが「雨漏り調査」にあるのです。

　そもそも雨漏り調査を何のためにやるのか？と言えば、その答えは「雨
漏りの原因を明確にするため」です。逆に言えば、もし最初から雨漏りの
原因が明確にわかっているのであれば、雨漏り調査など全く必要ありませ
ん。その明確な雨漏りの原因を取り除く修理をすれば良いだけです。しか
し、最初から雨漏りの原因が明確にわかるケースなどほとんどありません。
例えば屋根に大きな穴が開いていれば、それが雨漏りの原因だと誰でも簡
単にわかりますが、そのようなわかりやすい雨漏りはめったにないのです。
残念ながら雨漏りの原因はほとんどの場合で明確ではありません。

　そして、雨漏りの原因がわからなければ雨漏りは直しようがないのです。

大切なことなのでもう一度繰り返します。

雨漏りの原因がわからなければ雨漏りは直しようがありません。

雨漏りを解決するためには雨漏り調査をして雨漏り原因を特定することが重要で、雨漏り調査なくして雨漏り解決はないということです。

わかりやすく例え話をします。

お医者さんの中に、全く患者を診察しないまま、とりあえず薬を処方する内科医はいるでしょうか？　絶対にいません。

診察無料サービスをアピールする内科医はいるでしょうか？

そんな医者も絶対にいないはずです。

救急救命は別として、一般の病気や怪我において、レントゲン撮影やCTスキャン、MRIなどの診断や検査を全くしないまま、いきなり手術をする外科医はいるでしょうか？そんな医者がいるはずがありません。

では、手術前の診断や検査を無料でやる外科医はいるでしょうか？もちろん絶対にいませんよね。

外科医にとって手術の技術や力量は大事な資質ですが、それ以上に重要なのは手術前のCTやMRIなどによる診断や検査です。もし診断が間違っていたら、どんなに腕がよくても手術は成功しないはずです。神の手と呼ばれるような天才外科医であっても、手術前の診断が間違っていたら何の役にも立ちません。間違った診断にもとづく間違った手術が、手際よく（神業によって）行われるだけとなってしまいます。本来取り除かれるべき患部ではなく正常な臓器がキレイに除去されてしまう結果になりかねません。完全な医療ミス・医療事故です。さらに、内科医にいたっては、もはや診察が全てと言っても過言ではありません。診察をして初めて、その病気や症状にあわせた薬の処方ができるのです。薬を出すだけなら薬剤師さんの仕事です。患者さんの症状を診て、それが何の病気であり、どんな薬が必要なのかを診察するのが内科医の仕事なのです。

病院において診察や診断が無料じゃないのは当然です。病院やクリニックにおいて診察無料キャンペーンや、無料診断サービスなど聞いたことが

ありません。なぜならば、診察や診断こそが、医者としての最も大切な仕事であり、最も価値の高い仕事だからです。正しい診察や診断があってこそ、はじめて正しい治療や手術ができるのです。

手術や薬も大事ですが、それ以上に診察や診断が大事なのです。

さて、話を戻しましょう。世の中には雨漏り調査を無料でやる業者がいます。でも、彼らの多くが雨漏りを止められません。なぜでしょう？

それは彼らが雨漏り調査を軽視しているからです。彼らは雨漏り調査後の雨漏り修理や高額な外装工事を受注したいがために、雨漏り調査を「呼び水」として無料で提供しているのです。最も難しく、最も重要で、最も価値の高い、雨漏り修理業者のスキルが最も求められる「雨漏り調査」を、セールスの手段としか考えていないのです。雨漏り修理業者として最も大切な仕事に真剣に向き合っていないのです。その程度の意識で雨漏り調査をするわけですから、雨漏りの原因を正確に特定できるはずがありません。間違った診察・診断にもとづく間違った手術をしても絶対に病気や怪我が治らないのと同様に、間違った雨漏り調査にもとづいて間違った雨漏り修理をしても雨漏りは絶対に直らないのです。

「雨漏り調査無料」の業者には注意が必要です。

「足場代無料」のカラクリ

前項とやや重複する内容となりますが、住宅の外壁塗り替え工事や、ビル・マンション外装工事の業者の中には、「足場代無料サービス」や「足場無料キャンペーン」など、仮設足場の費用を無料にしたり大幅な値引きをする業者がいます。特に、飛び込み営業やテレアポ営業を主体とする訪問販売系のリフォーム業者や、新聞広告や折込チラシなどで大々的に宣伝している営業系リフォーム会社に多くみられます。

仮設足場の費用は一般的な個人住宅の場合で15万円〜30万円、ビルやマンションであれば100万円〜数百万円かかることも珍しくありません。かなりの金額です。工事代金の総額に対して2割から3割程度を占

めるのが一般的です。それほど大きい金額が無料になったり、大幅に値引きになるのだからお客様からすれば願ったり叶ったりです。こんなお得なチャンスをみすみす逃す人はいません。しかし、冷静に考えてみてください。足場費用は工事金額の2割〜3割を占めているのです。つまり、足場を無料にするということは、単純に2割引、3割引するということに他なりません。一般的な企業における利益率は5%〜10%と言われていますので、単純計算で利益率10%（1割）の会社で2割引すれば10%の赤字です。3割引なら20%の赤字となります。そんなことがあり得るでしょうか。10%とか20%の赤字で工事をしてくれる業者が存在するはずありません。

　そもそも昨今の建設業界において足場工事は外注となるのが一般的です。ひと昔前までは塗装業者が自社で足場を組むケースも普通にありましたが、昨今は自社で足場を組む業者はほとんどいません。もはや足場は外注工事というのが常識です。外注工事として発注しているにもかかわらず、それを無料にしたり大幅に値引きするのは、どう考えても無理があります。足場業者への支払いは間違いなく発生するのですから。

　誤解を恐れずに断言します。

　「足場代無料キャンペーン」や「足場代の大幅値引き」は、顧客心理を逆手にとった営業手法でありセールステクニックです。足場の費用は間違いなく工事金額の中に含まれています。はなから2割〜3割ほど高めの見積を出しておいて「足場代を引きます」という理由でその分を値引きに見せかけているだけです。実質的には全く値引きされていないのです。営業の世界では、ドア・イン・ザ・フェイスと呼ばれる営業テクニックの一つになります。最初で高い金額を提示しておいて、値引きすることで相手（お客様）を得した気分にさせるのです。なぜ足場代として値引きをもちかけるのかと言えば、何かしら値引きする対象（理由）がないと、最初から高めの見積を出しただけというカラクリが簡単にバレてしまうからです。

そもそも外装工事やリフォーム工事は、スーパーで売っている商品と違い定価がありません。資材メーカーが設定している標準価格はありますが、あくまでも目安に過ぎません。また、リフォームや外装工事における相場価格などあってないようなものです。結局のところ工事の金額は、業者ごとに自由勝手に決められるものなのです。それがバレないようもっともらしい値引きの理由をつけているだけの話です。また、「工事後には撤去してしまう足場にお金をかけるのは何となくもったいない」という顧客心理があります。足場は工事が終われば解体してしまいます。外装工事そのものではなく一時的な仮設です。直接的に建物に影響する工事ではないため、何となく無駄な費用のように感じてしまいます。しかもその無駄な費用が工事代金の2割3割を占めるとなると、どうしても釈然としない気持ちが残ってしまいます。その心理につけこんだセールステクニックが「足場代無料」や「足場代の大幅値引き」なのです。いずれにしても最初から値引きをすることを前提に、その分の金額を上乗せした高めの見積を出しているのです。値引きのための値引きに過ぎません。

　騙されないように気をつけてください。

「大幅値引き」のカラクリ

　工事会社の中には営業テクニックの一つとして「大幅な値引き」を持ちかけて早めの契約を迫る会社があります。定番のセールストークが「今すぐ（本日中あるいは今週中に）契約していただけるなら○○万円値引きします」というものです。

　大幅な値引き額を提示して、それと引き換えに契約を急がせる典型的な「値引き営業」です。お客様としては値引きで得したい気持ちより、どちらかと言えば「この機会を逃したら損してしまう」と考えてしまうのです。行動経済学でプロスペクト理論と言いますが、人間は「得したい」という気持ちより「損したくない」という気持ちのほうが強く作用するのです。そのため、営業マンたちは「値引きで得ですよ」というスタンスではなく「今

すぐ契約しないとせっかくの値引きのチャンスを失い大損しますよ」というスタンスで迫ってきます。

この手の営業手法を使う業者は、驚くような値引き額を提示してきます。前項「足場代無料のカラクリ」でもお伝えした通り、2割〜3割の値引きは当たり前です。約300万円の見積金額から100万円以上の値引きを提示する業者もいます。いきなり1/3の値引きなど、冷静に考えればおかしい話だとわかります。最初の見積金額はいったい何だったの？と、疑問に思うのが普通です。しかし相手は手練手管の営業マン。あの手この手でお客様を信用させます。彼らの騙しのテクニックとして、よく使われる代表的なセールストーク（手法）を三つほどご紹介します。

①広告塔営業

「こちらの地域で初めて営業活動するので、まずこちらの建物を工事することで広告宣伝の代わりにさせてください。大幅な値引き金額は広告宣伝費として考えています」

②モニター営業

「メーカーから提供された最高級の材料をモニター価格で提供します。こちらの地域で◯◯件限定でモニター工事希望者を募集しています」

③偽キャンセル営業

「来週から予定していた工事が急遽キャンセルになったため、職人さんの予定が空いてしまいました。仕事がなくて困っているので、職人さんの仕事を確保するため、赤字覚悟で思い切って値引きします」

このように、それらしい理由を説明しておくことで信用させ、そのうえで「今すぐ契約してくれたら…」あるいは「もし今日中にご契約いただけるなら…」と、早期の契約を迫ってきます。値引きで何十万円も得できるせっかくの機会を失いたくないという思いから、つい契約してしまうのです。

前項「足場代無料のカラクリ」と同様に最初から値引きをすることを想定し、その分の金額を上乗せして見積を高めに設定していただけの話です。

「値引きのための値引き」に他なりません。広告塔営業にせよ、モニター営業にせよ、偽キャンセル営業にせよ、古くから使われている典型的な騙しの営業テクニックです。いかにも本当にありそうな値引きの理由で信頼させるのがポイントです。

　断言します。真面目に仕事に取り組んでいる工事業者が「大幅な値引き」を提示することはありません。ましてや「今すぐ契約してくれたら…」などと、お客様を急かすようなことは絶対にありません。もし何かしら理由をつけて大幅な値引きを持ちかけたり、「今すぐ」とか「今週中に」などと契約を急かしてきたら、その工事業者は要注意です。

不安をあおる業者は100％無視して良い

　前項で大幅な値引きや、契約を急かす工事業者に要注意とお伝えしてきましたが、もう一つ警戒すべき工事業者の特徴があります。

　それは「不安をあおる業者」です。

　具体的には「早く工事をしないと建物がどんどん傷んで取り返しがつかないことになりますよ」とか「このままほっとくと建物に深刻なダメージがありますよ」というセールストークで、お客様の不安をあおり、工事の契約に結びつけようとします。リフォーム業界では昔からよく知られているセールススタイルです。ちょっとした外壁のヒビ割れや、あって当たり前の汚れやカビ・コケなどを見つけ、ことさら大袈裟にその危険性を指摘します。建物をくまなく見回してあら探しするのです。ほんの小さなキズや傷みを探し出し、それをきっかけにお客様が不安になるようなセールストークを展開します。

　ハッキリと断言します。お客様の不安をあおるような業者は100％無視して構いません。マトモな業者は絶対にそのようなことをしないからです。我々のような外装工事業者やリフォーム業者は、お客様の不安を解消し、安心していただくことこそ本来の役割なのです。お客様を不安がらせる言動は、その本来の役割と全く真逆です。不安をあおるセールストークを展

開する時点で悪徳業者と認定しても差し支えないでしょう。

　仮に建物にとって本当に危険な兆候があったとしても、それを大袈裟に指摘したり、お客様を不安にするのはプロとして言語道断です。どんな場合でも、つとめて冷静かつ客観的に、あえて淡々と事実を説明し、しっかりと対応策や解決策を提示するのがプロです。お客様の不安をできるだけ小さくすることこそプロである我々の役割なのです。

　お医者さんと同じです。患者の悪いところを大袈裟に指摘して不安にさせる医者が良い医者であるはずがありません。建物の工事も全く同じなのです。建物の悪いところを強調して不安をあおるような業者は100%無視してください。そんな業者で工事をしなくても他に良い業者がいるので安心してください。お客様の不安をあおることなく、しっかりと解決策や対応策を提示してくれる真面目な業者も世の中にはたくさんいるのです。

悪徳業者をあぶり出す魔法の言葉
「3件分の報告書を見せてもらえますか？」

　建物メンテナンス業者の中には、良い仕事をする真面目な業者もいれば、レベルの低い業者や、お客様を騙そうとする悪徳業者もいます。とは言え、それは建物メンテナンス業者に限った話ではありません。どんな業界、業種においても良い業者と悪い業者がいます。外食で利用する飲食店にも美味しい店もあれば美味しくない店もあります。ただ、飲食店であれば、もし美味しくなかったら二度と行かなければ良い話です。そして美味しかった店や気に入った店には何度も通えば良いでしょう。ところが、建物メンテナンスの場合そうはいきません。外食と違い、日常的な消費活動ではないからです。10年〜15年に1度ぐらいしか機会がないのです。金額的にも数十万円から数百万円、場合によっては1千万円を超える工事もあります。決して安い買い物ではありません。今回の工事が駄目だったら次回は他の会社に頼めば良い、と安易に考えられる金額ではありません。建物メンテナンスの場合は、失敗してしまってからでは遅いのです。失敗した

ら取り返しがつきません。場合によっては数百万円の工事代金が全て無駄になってしまうことすらあります。全ての業者さんが良い業者さんなら問題ありませんが、飲食店の全てが安くて美味しい店ではないのと同じように工事業者も千差万別です。ピンからキリまで、良い業者から悪徳業者まで星の数ほどいるのが現実です。悪徳業者に騙されないためには自分で自分の身を守らなければいけません。大切な建物を守るために、業者を見分ける力を身に付ける必要があるのです。しかし、あの手この手でお客様を騙そうとする悪徳業者のテクニックを見破るのは容易なことではありません。残念ながらお客様の立場で見た時、むしろ真面目で良い業者より悪徳業者の方がイメージが良い場合すらあるのが現実です。

では、悪徳業者やレベルの低い業者を見破るにはどうすれば良いのでしょう。実は悪徳業者をあぶり出す魔法の言葉があります。もちろんこの言葉だけで100%悪徳業者を見破れるとまでは言えません。予防線を張るわけではありませんが、残念ながらこの魔法の言葉だけで全てを解決することはできません。しかし、かなり高い確率で悪徳業者や低レベル業者をあぶり出すことができます。真面目な良い業者さんを見つけ出すための有効な方法の一つになるでしょう。

その言葉は、「3件分の報告書を見せてもらえますか?」です。

もう少し具体的に言います。工事を依頼しようと思っている工事業者に対して、次のようなお願いをしてみてください。

「個人情報に触れない範囲で構わないので、御社が過去に施工した物件の中で、私が依頼する予定の工事に内容が近い(似ている)物件の工事報告書を3件分見せてもらえますか?」

このお願いに対し、なんだかんだと理由をつけて拒んだり、しっかり作られた工事報告書を、たったの3件分すら提出できないような工事業者なら、その時点で選択肢から外すことをお勧めします。

そう判断しても良い明快な理由があります。

一般的に、リフォーム工事や外装工事などの建物メンテナンスを請け

負った工事業者は、工事完了後、お客様に工事報告書を提出します。標準的な工事報告書は、施工前から施工中、施工後まで、各工程ごとの写真を添付し、誰が見ても工程ごとの作業内容や施工状況がわかるようになっています。専門知識がない人が見ても、建物のどこをどのように工事したのか理解できるようになっていなければなりません。そもそも工事報告書は、建築に詳しくないお客様に対し、工事内容や作業の様子を説明するためのものだからです。ですので、真面目に取り組んでいる工事業者であれば、工事報告書を作成してお客様に提出するのは当然のことです。その工事報告書を見せられない、つまりお客様に提出するための工事報告書を作成していないのであれば、そのような工事業者は選択肢から外すのが正解です。プロとして仕事に取り組む姿勢が間違っています。もしかしたら工事の実績そのものが全くない可能性もあります。あるいは仮に工事をやっていたとしても現場管理や工程管理がいい加減で、報告書作成のために必要な写真撮影が出来ていないのかもしれません。いずれにしても、そのような工事業者に大切な建物を任せないほうが無難です。

　なお、見せてもらう報告書は、あくまでも自分が依頼する工事の内容に近い物件にしてもらってください。建物の外壁がタイル張りなのに、タイル張りではない物件の工事報告書を見ても全く参考になりません。あるいは自分の建物が鉄骨造なのにRC造の建物の報告書を見ても、同様に参考になりません。外装材や構造が違えば、工事の内容や仕様も全く違ってくるからです。もし工事内容が近い報告書がないとしたら、その業者さんはあなたの建物に近い物件の工事をした経験がないと判断することもできます。つまり、あなたが要望した報告書を3件分出せるかどうかで、工事業者に本当の実績や経験があるのかを見極めることができるのです。

　さらに、3件分の工事報告書を見せてもらったら、疑問に思った点や、わからなかったことについて、どんどん質問しましょう。どんなことでも遠慮する必要はありません。わからないことは率直に質問し、自分の建物のケースと重ね合わせて相談してみてください。その質問に対する回答や、

相談への対応で、工事業者のレベルや仕事に取り組む姿勢がわかる場合もあります。どんな質問に対しても嫌な顔をせず、素人にもわかりやすく丁寧な説明をしてくれる工事業者なら失敗する確率は下がります。逆に工事業者の説明が腑に落ちなかったり、あるいは納得できなかったりしたら、慎重に判断したほうが良いかもしれません。本当に良い業者なら、誰にでもわかりやすく説明できるものです。もちろん口下手で話が苦手というタイプの業者もいるかもしれません。しかし、工事内容をしっかり説明できるかどうかは、とても大切なことです。口下手だから上手く伝えられないで済む話ではありません。本当に理解できるまで、充分に納得できるまで、相手を質問攻めにしてください。工事後に後悔しないためにも、ここで妥協しない姿勢が大切です。

3 ｜ 施主の心得

建物メンテナンスで後悔しないための三つのポイント

　ご自宅や所有物件のメンテナンスを検討中の方に、工事を発注する施主としての「心得」についてお伝えしたいと思います。「心得」と言うと仰々しい感じもしますが、ようするに施主としての注意点であったり、施主としての賢い振る舞い方だと思ってください。

　本章の「メンテナンスで後悔する人たちの共通点」において、建物メンテナンスで後悔する人たちには「工事を検討する時間が短い」という共通点があると書きました。要点をまとめると、工事を検討する時間が短いということは、工事の際に最も大切な工事品質（工事仕様や施工要領）を決める作業（見積内容の決定）に時間をかけていないため、結果的に工事が終わってから「ああすれば良かった、こうすれば良かった」と後悔することになりがちである、という話でした。当たり前と言えば当たり前の話です。何事であっても、深く考えずに即決する人よりも、じっくり時間をかけて検討する人のほうが失敗は少ないに決まっています。しかし、ここで重要なのは、建物メンテナンスが1000円〜2000円の買い物ではないということです。簡単に買い替えたり買い直したりできる日用品とは違い、後悔してからでは遅いのです。不動産物件を購入する時や、建物を新築する際には、とても慎重にじっくり検討した人であっても、その後の建物メンテナンス工事となると、なぜか簡単に工事業者を決めてしまい、その結果、失敗し後悔してしまう人がたいへん多いのが現実です。

　そんな失敗を防ぐために、施主の「心得」として建物メンテナンスで後悔しないための三つのポイントをお伝えします。工事内容を決める時や工事業者を選別する際に、この三つのポイントを意識することで、失敗を減らせる可能性が高くなります。

　まず一つめのポイントは「じっくり時間をかける」です。検討する時間が短いほど失敗する可能性が高まるのですから、その逆に時間をかければ

かけるほど失敗を防げる可能性が高くなるという単純な話です。「じっくり時間をかける」と言われても、抽象的でなかなかわかりづらいかもしれません。そこで本書ではおおよその目安を提示します。あくまでも目安ですが、ぜひ参考にしていただければと思います。

　工事を検討する際の目安として「工事金額5万円あたり1日以上の時間をかける」ことを意識してください。具体的に言うと、工事金額が5万円程度の工事なら1日以上、10万円なら2日以上、50万円の工事なら10日以上は検討しましょう、ということです。同じ計算で100万円ぐらいの工事なら20日以上、200万円で40日、仮に1000万円規模の工事なら200日以上は検討することになります。大雑把に言えば、200万円ぐらいの工事なら最低でも1ヶ月以上、1000万円クラスの工事であれば、最低でも半年以上は時間をかけて検討してください、という感じです。

　ここで「え、そんなに時間をかけるのか！」と感じた人は要注意です。本来であればもっともっと時間をかけてもよいぐらいなのです。考えてもみてください。もし施工仕様や工事業者選びに失敗したら、200万とか1000万円の工事が失敗に終わることになるのです。場合によっては全く無駄な出費だったという結果になることすらあり得ます。ここまで何度も申し上げておりますし、何度でも申し上げますが、慌てて工事をする必要は全くありません。大切なのは焦らずじっくり冷静に時間をかけて検討することなのです。時間をかける、ただそれだけで失敗の確率を下げることができるのです。とにかく「じっくり時間をかけること」が何よりも大切ですので、このポイントを強く意識してください。

　第2のポイントは「3社以上から見積りをとる」です。1社だけの見積りで決めないことがとても大切です。1社だけ決めるのはリスクが高すぎます。同じ建物で同じ工事を依頼したとしても、3社に相談すれば提案してくる内容は3者3様となります。基本的な仕様や内容は大きく違わないとしても、細かい仕様や使用する材料がそれぞれ違います。会社によっては全く違う提案をしてくる可能性もあります。いずれにしても選択肢が

増えることが重要なのです。比較検討する選択肢が増えることで、施主として工事の計画に主体性をもって関わることができます。結果的に施主としての主導権を手にすることにもつながります。1社だけで検討する場合、「プロ」対「素人」の図式となってしまい、施主の側が主導権を持つことは難しいのが現実です。また、3社から見積りをとることで、自動的に検討する時間が長くなります。単純に見積りを検討する時間だけでも3倍になりますし、各社との打ち合わせや、各社が見積りを作成するまでの時間も3倍です。3社から見積りをとるだけで、意識せずともじっくり検討する時間がとれることになります。工事業者から主導権を取り戻し、あえてたっぷり時間をかけて比較検討しましょう。

　第3のポイントは「決断を1日だけ延ばす」です。

　「その場ですぐに決断しない」ことが大切です。工事を検討する中で、何度か決断を求められる場面が訪れます。例えば、最終的な工事の仕様（工事内容）を決める時です。ここで確定した仕様に応じて見積りが作られ、工事品質と工事金額が決まるわけです。施主として一番最初に決断する場面です。一般的には工事業者に提案された選択肢の中から選ぶという作業になりますが、最終的に「よし、この内容で行こう」と心の中で決断したら、それを1日だけ寝かしてほしいのです。すぐに回答せず1日だけ回答を延ばす。それだけでいいのです。回答を保留している間は、特に何かを考える必要はありません。既にじっくり検討したうえでの決断ですので、あらためて検討する必要はないのです。ただ回答を1日延ばすだけで良いのです。そして翌日になっても特に心境の変化がなければそのまま回答して大丈夫です。しかし、もし何かしら心境に変化があったり、不安になった場合には、あらためて検討し直すべきだというシグナルです。もう一度じっくり検討しましょう。そんなことを繰り返していたらいつまでたっても決められない、という意見があるかもしれませんが、それこそ本末転倒です。皆さんの目的は工事をすることではありません。傷んだ建物を直すため、あるいは建物を長持ちさせるため、大切な建物を守るために工事を

するのです。その目的に最も適切な工事を決めるために多くの選択肢の中から比較検討しているのです。決断が数日延びようが数週間延びようが何ら問題ありません。本書において何度も申し上げていますが、何らかの特別な事情や危険な状況があって緊急性を要する場合は別として、一般的な建物メンテナンス工事において、決断が延びたことで不都合が生じることはありません。工事の決断を先延ばししたことが致命的な遅れになるようなケースはないのです。安心して決断を先延ばししてください。取り返しがつかなくなるようなことは絶対にありません。逆に焦って決めることで取り返しのつかない失敗につながることのほうが圧倒的に多いのです。まさに「急いては事を仕損じる」のことわざ通りの結果になります。

いずれにしても、何かを決断するたびに1日だけ寝かすようにしてください。最終的に工事業者を決めて工事を発注する際も同様です。心の中で「この業者にお願いしよう」と決断したら、必ず1日だけ時間を置きましょう。1日経っても心境の変化がなければ大丈夫です。翌日発注してください。もし何かしら心境の変化や不安があったら、もう一度検討すれば良いだけです。焦って決めても良いことは一つもありません。じっくり時間をかけて検討することこそが、失敗を防ぐための最大の防御方法なのです。

工事代金の支払いにおける三つの注意点

工事代金の支払い方法にもいろんなパターンがあります。ここでは施主としての効果的な工事代金の支払い方法について三つの注意点をお伝えします。工事代金の支払い方法については工事業者によって違いがありますので、一概にここで紹介する通りにはできない場合もあると思いますが、施主としての支払いに対する考え方として参考にしてください。

リフォーム工事や外装工事など、建物メンテナンスの工事代金は、着手金・中間金・完了金の3分割で3分の1ずつ支払うのが一般的です。ただし、工事代金が少額の場合や短工期で終わる場合はその限りではありません。そのようなケースでは、2分の1ずつの2分割や、工事完了後一括払いと

なることが多くなります。いずれにしても基本的には工事業者と施主の間の話し合いで決まります。

　まず第1の注意点は、正式な契約書（発注書）を交わすまでは絶対にお金を払わないということです。業者によっては、いわゆる前金や、手付金・着手金などと言って、契約前に何らかの入金を請求する場合があります。昨今では悪質な業者（詐欺業者）が前金だけ受け取って、連絡がとれなくなるトラブルも増えています。もはや完全な詐欺ですが、そのような詐欺事案は別としても、正式に契約書（発注書）を受け交わす前の支払いは絶対に避けてください。支払いはあくまでも契約書で交わした約束に則って支払うのが大前提です。一般的な契約書には、支払い条件が明記されていますので、そこに書かれている支払い回数、支払金額、支払い期限を確認し、納得した上で契約書を交わします。基本的にこの契約書通りに支払うことになりますが、ここで気をつけてほしいのが完了金（最終支払い）の支払い期限です。

　この完了金の支払期限が第2の注意点です。一般的には「工事完了確認後」あるいは「お引渡し完了後」が多いでしょう。その場合は問題ありません。もしこの完了金の支払い期限が○年○月○日など具体的な日付で指定されていたり、工事完了後○○日以内などと書かれていたら要注意です。もし施主であるあなたが工事の仕上がりや内容に納得できていなかったとしても、この具体的な期日を盾に工事業者から支払いを要求される可能性があります。契約書に期限が書かれているため、その要求には法的な根拠が生じてしまいます。もし工事業者との間で係争になった場合、先に工事代金を支払ってしまうことは不利になりますし、かと言って支払いを拒んだとしても契約書を履行していないという点で不利になる可能性もあります。ですので、契約書の際には完了金の支払期限に注意してください。「工事完了確認後」「お引渡し完了後」であることが大切です。これなら施主であるあなたが、工事が完了したことを確認し（引き渡しまで完了し）、納得したうえで支払えば良いことになります。契約書の中に明記されてい

る完了金の支払期限に注意してください。

　最後に三つめの注意点です。できるだけ現金払いは避けましょう。工事代金の支払いは記録が残る銀行振り込みが安全です。今どきはパソコンもありますので会社の領収書や社判の偽造も簡単にできる時代です。信頼して工事を任せておきながら、最後の最後に疑いの目で見るというのもおかしな話ですが、自分の身は自分で守ることが大事です。念には念を入れ、トラブルや詐欺に巻き込まれる可能性を少しでも排除する努力が必要です。転ばぬ先の杖と考えて、できるかぎり現金払いは避け、銀行振り込みで支払うようにしましょう。

リフォーム工事の品質を下げずに値段を下げてもらう
三つの交渉方法

　買い物での失敗を「安かろう悪かろう」という言葉で表現することがあります。「高いモノは品質も良く、安いモノはそれなり」というのは、ある意味当然のことです。建物のリフォーム工事や塗装・防水などの建物メンテナンス工事においても、工事金額と工事品質は比例する関係にあります。品質が上がれば金額も上がりますし、金額を下げようとするとそれに合わせて品質も下がります。それ以前の話として、工事業者ごとに技術やノウハウなどに差があり工事品質が違うわけですが、それについては工事業者選びの問題ですので別の話となります。ここでお伝えする話は、既に工事を依頼する工事業者が決まっている前提で、その業者に対して、工事品質を下げずに工事金額を下げてもらうための交渉方法です。

　まず一つめの交渉方法は「工事時期の交渉」です。

　本書において何度も書いておりますが、多少の例外はあるにせよ工事を急いでやらないといけない理由はめったにありません。つまり施主として考えた場合、工事の時期はいつでも良いのです。ところが工事業者のほうにはいろんな事情があります。例えば今が1月だと仮定して「3月から4月にかけては忙しいけど5月以降は仕事が少ない」とか、逆に「5月以降

は予定がビッシリ埋まっているけど3月4月は暇」というケースがあります。前者のほうは5月以降の仕事がほしくて、後者のほうは3月4月の仕事がほしいことになります。これが交渉材料の一つになります。ビジネスは需要と供給のバランスなので、工事業者としてもこの交渉には乗りやすいのです。工事を発注する前提で、「工事時期は御社の都合に合わせるので、工事品質を落とさずに金額を見直してほしい」と伝えてみてください。値引き金額の多寡はあるにせよ、たいていの工事業者は多少なりとも値引きをしてくれるはずです。工事業者からしてもある意味ありがたい提案だからです。やみくもに値引きを要求されても困りますが、工事業者にとってありがたい提案であれば値引きも受け入れやすいのです。

　二つめの交渉方法は「工事材料・部材の見直し」です。

　工事に使用する材料や部材には、大抵の場合、他メーカー製の同等品が存在します。中には特許などの関係によって1社独占というケースもありますが、ほとんどの場合には競合メーカーがあり同等品があります。それぞれ商品ごとメーカーごとの特徴や特色があるので、100％同じとは言えませんが、基本的にほぼ同じと考えて差し支えありません。しかし、ほぼ同じでありながら、工事業者が仕入れる際の仕入れ金額に大きな差があるケースがあるのです。例えば、外壁を塗り替えるための塗料を別メーカーの同等品に変えることで、数万円のコストダウンになることは珍しいことではありません。メーカーや材料そのものに特別なこだわりがあるなら別ですが、特にこだわりがないのであれば、工事業者さんに同等品でのメーカー見直しなどでコストダウンが図れないか交渉してみましょう。大きなコストダウンは期待できませんが、意外とバカにすることはできません。たまたま材料問屋でキャンペーンをやっていて驚くほど安く仕入れられたという例もあります。ジェネリック医薬品をイメージするとわかりやすいかもしれません。少しのコストダウンでも積み重ねることが大切です。また、このような細かな交渉をすることによって工事業者の意識が変わり、何かしら別の角度から良いアドバイスや提案を引き出せる可能性もあります。

三つめの交渉方法は「率直に相談する」です。

　信頼して工事を任せると決めた工事業者さんに「工事品質を落とさずに少しでも金額を安くする方法はありませんか？」と率直に相談してみましょう。工事業者によってはいろんな提案やアドバイスをしてくれる可能性があります。物件ごとの状況や工事内容によって、あるいは工事業者の事情によって、いろんな工夫ができる可能性があるのです。

　実際にあった事例を一つご紹介します。通常であれば工期1ヶ月程度で終わる工事において、もし施主として工期を2ヶ月あるいは3ヶ月ぐらいまで許容できるのであれば、それを条件に金額を安くしてもらえる可能性があります。それは工事業者からすればとても助かる条件だからです。なぜ助かるかと言えば、いつでも職人さんやスタッフが入れる現場があるということになるからです。つまり、職人や施工スタッフが急に手が空いた時、急に仕事がキャンセルになった時などに自由に入れる現場を確保できるということです。工事業者にとっては本当にありがたい提案なのです。もちろんこのケースが成立するには、同時進行の現場が近くにあるなど、それなりの条件が揃わなければならず、全ての工事案件で可能なわけではありませんのでご注意ください。

　いずれにしても工事業者に「率直に相談する」ことで、何かしら良い提案やアドバイスが出てくる可能性は決して低くありません。ぜひ積極的に相談してみてください。

工事のミスや不具合に気づいた時の三つの対応方針

　じっくり比較検討したうえで信頼できると判断をし、大切な建物の工事を依頼した工事業者が、もし何らかのミスをした時、あるいは工事の不具合に気づいてしまった時、施主としてどのように対応すべきでしょうか。そのような場合に施主としてとるべき対応方針を三つご紹介します。

　まず一つめの対応方針は「冷静かつ穏やかに」です。

　どんな時でも冷静かつ穏やかに対応することが大切です。もちろん大切

な建物の工事でミスがあったのですから、心の中では穏やかでいられないのは当然でしょう。しかし、表面上はあくまでも冷静かつ穏やかな態度で対応するように心がけましょう。感情的になって得することはありません。相手によっては逆ギレされてしまうかもしれません。もちろん悪いのはミスをした相手ですので逆ギレするなど言語道断ではありますが、万一そのような状況になってしまえば、お互い感情的になるだけで問題の解決は遠ざかるばかりです。結果的に施主であるあなたにとって何の得もありません。大切なのは問題の解決です。工事にミスがあったなら、それを手直しさせて正しい状態にしなければいけません。そのために大切なのは工事業者との対立ではありません。良い工事をするという同じ目的を持った者同士の協力関係です。どんな場合でも「冷静かつ穏やかに」対応しましょう。

二つめの対応方針は「事実だけに焦点を合わす」ことです。

工事にミスや不具合を発見してしまうと、どうしても疑心暗鬼になってしまいがちです。他の部分や他の工程においても同様のミスがあるのではないか、あるいは今後もミスをするのではないか、と想像してしまいます。それはやむを得ないことです。しかし、一旦その不安は置いて目の前の問題に目を向けましょう。まずは起きてしまった事実に焦点を合わせて、その解決に集中しましょう。何よりも大事なのは目の前の問題を解決することです。もしそれが解決できなければ、仮に他にも同様のミスがあった場合、そちらのほうも解決できないということになります。ですから、まずは目の前の問題に集中して、その解決に向けて工事業者と力を合わせることを意識してください。他の心配はそのあとです。目の前の問題が解決したら、他に同様のケースがないか、工事業者にあらためてチェック・点検を依頼（指示）しましょう。万一他に同様の問題があれば、同様の方法で解決できるはずです。そして既に解決方法がわかっているワケですから、今後は同様のミスが起きる可能性は極めて低くなります。問題が起きたら「事実だけに焦点を合わす」ことを強く意識してください。目の前の問題を解決することが最優先です。

最後三つめの対応方針は「納得いくまで妥協しない」ことです。

　これは言うまでもありません。大切なのは起きてしまったミスや不具合を正しい状態に戻すことです。最終的に納得するまでやり続けるしかありません。もちろん実際に作業するのは工事業者です。施主にできることは、工事業者としっかり話し合い、工事業者が提示・提案する解決方法の良否を判断し、最終的にゴーサイン（ストップ）を出すこと。そして、その結果をチェックすることです。

　この結果をチェックすることこそ、施主の最大の権限であると同時に責任でもあります。ここで中途半端に妥協してしまったら、その結果は全て施主であるあなたに返ってきます。納得いくまで絶対に妥協してはいけません。結果に対する責任は全て施主であるあなたが負うことになるからです。あとから工事業者を責めたところで意味がないのです。

　工事中にミスや不具合を発見したり、工事において何かしら問題が発生した場合、まず「冷静かつ穏やかに対応する」こと、「事実だけに焦点を合わす」こと、「納得いくまで妥協しない」こと、この三つを心がけて対応しましょう。

第2章

住宅メンテナンスの
基礎知識

1 ｜ 屋根の種類

①瓦屋根

・和瓦＝日本瓦

　和風の住宅に多く使われる屋根材です。材質は粘土で陶器のように窯で
焼いて製造します。製造方法の違いから燻し瓦と釉薬瓦に分類されます。

図1　和瓦

・セメント瓦

　セメントと砂で作った瓦です。現在では製造されておらず、割れてしまっ
た場合や雨漏りが発生した場合、交換することができず、メンテナンスが
困難な状況と言えます。

図2　セメント瓦

・モニエル瓦

　セメント瓦と同様にセメントと砂で作られています。「乾式コンクリート瓦」とも言います。2010年に発売元が日本市場から撤退したため、割れてしまった場合の代替品がない状況となってしまっています。

図3　モニエル瓦

・スレート瓦

　新生屋根材、新生瓦、窯業系屋根材、住宅用スレート屋根などの総称で広く普及している屋根仕上材です。一般的にはコロニアルやカラーベスト（ともに商品名）と呼ばれています。2004年にアスベストが使用禁止になっており、その頃を境にアスベストを含有している製品とノンアスベストの製品が混在しています。アスベストが含有している場合、撤去・処分に際して特別な処理が必要となるため注意が必要です。

図4　スレート瓦

②金属屋根

　住宅に使用されている屋根の中で金属屋根は最軽量となります。葺き方によって種類があります。

・瓦棒葺き

　金属屋根・長尺葺きの一種で、雨仕舞いに優れており、緩勾配の屋根（傾斜のゆるやかな屋根）に多く使われています。

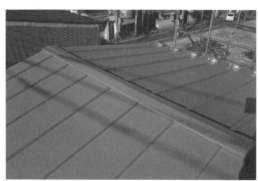

図5　瓦棒

・立平葺き

　瓦棒屋根と同様に金属屋根・長尺葺きの一種で、雨仕舞いに優れており、緩勾配の屋根（下屋根など）に多く使われています。

図6　立平

・折板屋根
せっぱん や ね

工場や倉庫、体育館などの屋根に多く使われています。

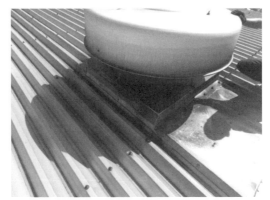

図7　折板屋根

・横葺き

成形された金属板を横方向に葺いていく構法です。瓦屋根のように水下方向から水上方向に葺いていきます。

図8　横葺き

③アスファルトシングル葺き

・アスファルトシングル葺き

　ガラス繊維基材にアスファルトを含浸・コーティングした柔軟性のある薄くて軽い板状のシート（アスファルトシングル）を、瓦屋根のように水下から水上方向に葺いていく工法です。軽量かつ安価で、複雑な屋根でも加工しやすく、防水性、耐震性にも優れています。RC造（鉄筋コンクリート造）や鉄骨造の建物において多く採用されています。

図9　アスファルトシングル葺き

④陸屋根

　「陸屋根」とは、勾配（傾斜）のない平らな屋根のことです。「陸」は平らという意味で「りくやね」または「ろくやね」と呼びます。一般的には屋上と呼ぶことが多いでしょう。陸屋根とは逆に勾配がある屋根を「勾配屋根」と言う場合もあります。全く勾配がなければ雨水がたまってしまうので、実際にはごくゆるやかな傾斜が設けられています。バルコニーも陸屋根の一形態です。居室の上に設けられたルーフバルコニーは、本来は勾配屋根がかかる部位を、スペースとして使えるように水平面としているため、建築基準法上も屋根の扱いとなります。陸屋根は水平面で雨を受ける形状であるため防水層を設けることが必須となります。防水層にはいろいろな種類がありますが、代表的な防水層をいくつか紹介します。

・FRP 防水

　FRP とは、Fiberglass Reinforced Plastics（繊維強化プラスチック）の略称で、ガラス繊維などの強化材で補強したプラスチックのことです。防水層に継ぎ目がなく、非常に強固な防水面となるため、歩行に適していることと、木造住宅のバルコニーのように小面積に適していることから、木造住宅のバルコニーに最も多く施されている防水層です。短工期による施工が可能なため、工期を長く取ることができない現場にも適しています。

図 10　FRP 防水

・ウレタン防水

　ウレタンゴム系の防水材を塗布して塗膜を形成する防水工法です。複雑

図 11　ウレタン防水

な形状にも対応できるのが特長です。施工に際して特殊な機械や工具が必要ないため、比較的簡単に施工することができます。新築時において採用されることは少ないですが、逆に改修工事などの建物メンテナンスにおいては最も多く採用される工法です。現場で施工するという性質上、塗膜の厚さにばらつきが生じやすいという施工上の難しさがあります。

・合成ゴム系シート防水

　合成ゴムのシートを張り合わせて防水層とする工法です。接着剤・両面防水テープなどで接着します。シートは伸縮性に富むので、建物の動きに追従することができます。ただし、ジョイント（継ぎ目）部を接着剤や両面テープで張り合わせているため、経年によって接着剤が劣化し剥がれるリスクがあります。

図12　合成ゴム系シート防水

・塩化ビニル樹脂系シート防水

　塩化ビニル樹脂のシートを張り合わせて防水層とする工法です。合成ゴム系のシート防水とは異なり、ジョイント部分や端末は溶着（溶かして一体化させること）により張り合わせます。このため合成ゴム系のシート防水に比べジョイント部などが剥がれるリスクが低減されています。また塩化ビニル樹脂系シート防水工法の一つに「機械的固定工法」があります。ディスク状の固定金具でシートを固定する工法で、「浮かし張り」「絶縁工法」とも呼ばれています。建物や下地の動きに影響を受けづらい点が最大のメリットです。

図 13　塩化ビニル樹脂系シート防水

・アスファルト防水

　アスファルト防水（アスファルト系防水層）とは、アスファルトの材料で構成された防水層です。歴史があり防水層も厚く信頼性が高い工法です。一般的には、RC 造（鉄筋コンクリート造）や S 造（鉄骨造）の屋上で多く使われています。アスファルト防水層の上に保護層としてコンクリート（押さえコンクリート）を打設する場合と、コンクリートなどの保護層を打設せず表面を砂付きルーフィングで仕上げる露出工法があります。
※砂付きルーフィング＝表面（片面）に鉱物質の粒子（砂）を付着したアスファルトルーフィング（アスファルト製の防水シート）のこと。

図14 アスファルト防水・露出工法

2 | 外壁の種類

①サイディング外壁【木造】

　サイディングとは、外壁に張る板材（板状の外壁材）の総称です。古くは羽目板や下見板などの板材もサイディングの一種です。近年では一般的に、窯業系・金属系・木質系・樹脂系などの工業製品化された外壁材のことを言います。最近では、耐久性や断熱性、防火性、デザイン性（タイル風、石材風など表面の意匠もさまざま）に優れたものが開発されています。

・窯業系サイディング

　窯業系サイディングの「窯業」とは、窯を用いる工業、または工業製品の総称を指します。陶磁器・レンガ・瓦・セメント・ガラスなどの製造も含まれます。窯業系サイディングの原料は、セメント質材料・繊維質原料・混和材です。それらの原料に水を加え、ペースト状にしてから、紙をすくような方法や、型に流し込む方法、トコロテンのように押し出す方法などを用い、板状に成形したものが窯業系サイディングとなります。日本の新築住宅において 70 〜 80％のシェアをもつといわれており、サイディングといえば窯業系サイディングをイメージする人が多いようです。特長としては、施工が比較的容易で、材料単価も安いので、工事価格が安く済むこと、木質板のように腐朽しないこと、種類やデザインが豊富なこと、耐火

図15　窯業系サイディング

性に優れていることなどが挙げられます。

・金属系サイディング

　金属系サイディングとは、メッキ鋼板やアルミニウム鋼板・ステンレス鋼板の裏側に断熱材が張られたサイディングのことです。金属自体はたいへん薄く、窯業系サイディングに比べ軽量であることが特長です。また、窯業系サイディングは雨水を吸いこんでしまうことで劣化するリスクがありますが、金属サイディングではそのリスクはありません。ただし、金属は錆が発生するリスクがあり、海に近い地域では塩害の可能性があります。

図16　金属系サイディング

・木質系サイディング

　木質系サイディングとは、天然木などの木材を材料としたサイディングのことです。意匠性（デザイン性）に優れていますが、木材なので水に弱いのが最大のデメリットとなります。加工に手間がかかるため、金額も高くなる傾向があります。防火性能も高くありません。

図17　木質系サイディング

・直張りと通気構法

　サイディング張りには直張り構法と通気構法があります。直張り構法は雨漏りなどのトラブルが多く、最近では通気構法が主流となっています。通気構法とは、外壁と構造体との間にすき間（通気層）を設ける構法のことです。万一サイディングの内側に雨水が浸入しても、通気層を伝って下方に流下し、建物外部に排出されます。また、空気の通り道があるため通気性も向上します。

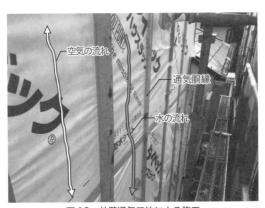

図18　外壁通気工法による施工

②モルタル外壁【木造】

　木造住宅における外壁では、昭和25年の法律改正とともに、防火の観点からモルタル外壁が広く普及することになりました。一般的な木造在来工法の場合、まず構造体となる柱や間柱（ま ばしら）があり、その上に木摺り（き ず）または構造用合板を張って下地を作ります。その下地の上にアスファルトフェルト（防水紙）とラス網（モルタルを塗りつけるための網）を張り付け、左官職人がモルタルを塗り付けていきます。

図19　ラス網

・モルタル外壁の仕上げ

　モルタル自体には吸水してしまう性質があるため、一般的にモルタル外壁には下記のように何かしらの保護（仕上げ）を施す必要があります。

1）吹き付けタイル仕上げ

　モルタルに水溶性のアクリル樹脂を専用の吹き付けガン（吹き付けをする道具の一つ）を用いて凹凸の模様を付けていきます。吹き付けた樹脂の凸部分を専用ローラーで押さえて凹凸感に変化をもたせたヘッドカット仕様という工法もあります。

図20　吹き付けタイルヘッドカット仕様

2）リシン仕上げ

　リシンベースといわれるエマルジョン樹脂に専用の骨材（砂や細かい石）を混ぜてリシンガン（吹き付けをする道具の一つ）で吹き付けていく工法です。骨材が表面に出てきてザラザラした仕上がりとなり、艶はなく落ち着いた印象が特徴です。

図21　リシン

3）モルタル掻き落とし仕上げ

　白セメントや着色セメントに消石灰と骨材を混ぜて作った材料をコテで塗りつけたあと、乾燥前に掻き落とし器を用いて凹凸感を出します。

図22　掻き落とし

4）塗り壁風仕上げ

　一般的にジョリパット仕上げと言われ、吹き付け工法、左官工法など様々な工法を用いて独特の模様を作ります（ジョリパットは商品名）。

図23　ジョリパット

5）砂骨ローラー仕上げ

　砂骨ローラーという専用のローラーを使用して粘度の高い弾性塗料を塗装する工法です。仕上がりはゆず肌模様となり、外壁自体に防水性能を付与させたい場合などに採用される工法です。

図24　砂骨ローラー仕上げ

③タイル張り外壁【木造】

　外壁にタイルを張る仕上げです。多くは湿式工法であり、圧着モルタルを用いて下地モルタルに張り付けてゆきます。タイルとタイルの間（目地）は目地モルタルで埋めることが一般的です。また、近年では「ベースサイディング」と呼ばれる、凸部のあるサイディングの上に、専用の磁器タイルをひっかけて張る乾式工法もあります。タイル張り外壁は他の建材に比べ重量があるため、構造に負担がかかったり、揺れに弱いデメリットがあります。

図25　レンガタイル深目地（目地埋めなし）

図 26　タイル張り外壁目地あり（目地埋め処理）

④漆喰【木造】

　寺社などによくみられる壁仕上げに漆喰があります。有名な例を挙げれば、姫路城の白壁は漆喰です。

　漆喰の主原料は消石灰です。無機系（石油由来以外）の材料なので、日射による色あせがほとんど起きないことが特長です。調湿効果が高いことから、現代においては外壁よりも内壁に多く使用されています。

図 27　姫路城

⑤ ALC パネル【S 造】

ALC パネルは、軽量コンクリートパネルの通称です。"Autoclaved Lightweight aerated Concrete" の頭文字で、和訳すると高温高圧水蒸気養生された軽量気泡コンクリートという意味になります。熱や音が伝わりにくく、断熱性にも優れ、結露防止の効果も期待できます。鉄骨造の壁や床には、厚さ 100mm ～ 200mm の厚型パネルが多く使われています。他に 50mm 程度の薄形パネルもあります。また、木造では厚さ 35mm 程度の薄形パネルが多く使用されています。工場や倉庫などの大規模な建物の他、ビルやマンション、個人住宅など、ほとんどの用途の建物に広く使用されています。新築時の工期が比較的短く、予算的にも RC 造より安価なことから急激に普及しました。

日本では、旭化成建材の「ヘーベル」、住友金属鉱山の「シポレックス」、太平洋セメントの「クリオン」が代表的な ALC メーカーです。取り付け構法にも工夫が見られ「ロッキング構法」では地震の影響を少なくすることが可能です。しかし、各メーカーの思惑とは異なり、実際は地震などの挙動によりパネルの破損が多く発生しています。ALC パネルは建物への雨の浸入を防ぐ一次防水の機能も兼ねていますので、その修繕にも慎重さが求められることになります。木造で使用されるサイディング材とは異な

図 28　ALC パネルのクラック

図 29　ALC パネルのタイル剥落

り、ALC パネルの建物には基本的に透湿防水シートなどの二次防水層が存在していません。したがって ALC パネルの破損は、建物にとって深刻な問題になる可能性があります。

　ALC パネルと ALC パネルの間の目地は、シーリング材によって防水処理されており、ALC パネルの表面は塗装仕上げやタイル張りが一般的です。タイル張り仕上げの場合、ALC パネルの目地上にあるタイルは、挙動の影響を大きく受け、浮きや割れが発生しやすくなります。浮きの状況によっては浮いたタイルの剥離落下を伴い、大変危険な状態となります。ALC パネルのタイル張り仕上げは意匠性を高める反面、そのようなリスクがあると言えます。特に、建物のコーナー部分では各壁面の挙動差の影響を受けやすく、一般壁面より大きな破損が生じやすいので注意が必要です。

⑥押出成形セメント板 【S 造】

　押出成形セメント板は "Extruded Cement Panel" のことで、ECP 板とも呼ばれます。ALC パネルとは異なる特徴として、パネルの内部に中空層があります。その空洞によりパネルを軽量化しつつも必要な強度は保っています。50mm 〜 100mm の厚みのものが大半で、中空構造のため、ある程度の遮音効果もあります。日本では、ノザワの「アスロック」、ア

イカテック建材の「メース」などが代表的な ECP メーカーです。（別途木造建築系 ECP メーカー有り）。

　塗装仕上げの場合、現場塗装も可能ですが、工場塗装品の方が塗装膜厚の確保、色むらや艶むらがない均一な品質を期待できます。また、タイル張り仕上げにおいては外装タイルを工場で接着するので現場でタイルを張る必要がなく、均一な接着性能も期待できます。ただし、経年劣化に伴いタイルの浮きや剥がれなどが発生した場合、パネル内部に中空層があり、アンカーピンの支持力が確保できないことから、穿孔を伴うエポキシ樹脂注入による補修ができません。

図 30　押出成形セメント板

図 31　押出成形セメント板・タイル剥落

⑦ラスシート外壁・リブラス外壁【S造】

　鉄骨造におけるモルタル外壁は、ALCパネルやECP板のようにパネルを取り付ける工法とは異なり、現場でモルタルを塗り重ねる工法となります。下地となる面材としてラスシート（波板状の金属シートにメタルラスを電溶接させた強度の高い亜鉛鉄板）が多く使われています。ラスシートを固定するビスの数が少なかったり、ビス自体や下地胴縁材の腐食によって浮きや剥がれが発生する場合があります。モルタル外壁はたいへん重くなるため、出窓の下部や庇の上裏などは、重さの影響で剥落しやすく大事故につながりかねないので注意が必要です。

図32　ラスシート外壁（室内側）

　ラスシートにも使用されるメタルラスに補強リブを設けたものをリブラスと言います。ラスシートと違い波板状のシートが付いておらず、取付け用の下地が必要です。一般的には木摺りやベニヤ板にアスファルトフェルトを張った後に取り付けて、モルタルを塗り重ねて仕上げます。リブラス外壁は、いわゆる昔ながらの工法で、どちらかと言えば木造建築で多く用いられる工法と言えます。対してラスシートは主に鉄骨造で多く使用されています。ALCパネルやECP板のようなパネル系の外装材が存在しなかった時代の鉄骨造の外壁は、ラスシートやリブラスを使ったモルタル外壁が主流でした。

⑧コンクリート打ち放し外壁【RC造】

　鉄筋コンクリート造（RC造）の建物において、コンクリート打設後、型枠を取り外したそのままの状態で仕上がりとするのが「コンクリート打ち放し外壁」です。型枠の組立てに高い精度が求められ、コンクリート打設時も「ジャンカ」などが生じないよう細心の注意が必要となる難易度の高い工法です。独特の風合いが生まれることから、昔から根強いファンが多い外壁仕上げです。ただし、難易度が高いためかなりの確率で仕上がりに失敗するようです。そのため、近年では「打ち放し調の塗装」で仕上げる建物が増えています。きれいに仕上がり、かつ打ち放しコンクリートの風合いも活かせるため、新築においては主流になりつつあります。

図33　コンクリート打ち放し外壁

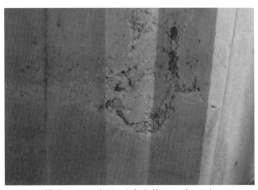

図34　コンクリート打ち放し・ジャンカ

⑨ RC造の塗装仕上げ外壁【RC造】

　鉄筋コンクリートの劣化を食い止めたり遅らせるのに有効な保護材料の一つが"塗料(塗装)"です。しかし、塗装被膜は経年に伴い劣化しますので、徐々に下地である鉄筋コンクリートを保護する能力が低下します。塗装の劣化に伴い、鉄筋コンクリートの躯体も劣化が進むことになります。鉄筋コンクリートの劣化を防ぐためには定期的な塗り替えが重要です。

　鉄筋コンクリート外壁の劣化現象で代表的なものに「爆裂」があります。爆裂とは、鉄筋コンクリート中の鉄筋が錆びて膨張し、コンクリートを押し出した（破壊した）状態のことです。爆裂の原因となる鉄筋の腐食と膨張は、コンクリートの中性化による防錆力の低下や塩害が要因となります。外壁を塗装してコンクリートを塗膜で保護することで、中性化や塩害を防いだり低減する効果が期待できます。塗装によって完全に防ぐことはできませんが、外壁塗装（塗膜）の劣化を放置することで、より中性化が進行する可能性があるため、定期的な外壁の塗り替えは重要となります。

　また、塗装によってコンクリートを保護していても、クラック（ひび割れ）が発生したら保護効果は半減します。クラックから入り込んだ炭酸ガス（二酸化炭素）や雨水は、鉄筋に直接的に影響するため、クラック周辺の中性化を助長し、錆が発生して爆裂に至ります。外壁に大きなクラックが発生したら「爆裂」を防ぐためにも早期に対処することが大切です。

　なお、鉄筋コンクリートのクラックには主に3種類あります。一つは幅0.3mm未満かつ深さ5.0mm未満のヘアクラック、二つめは幅0.3mm以上かつ深さ5.0mm以上の構造クラック、そして三つめが壁体などを表裏貫通している貫通クラックです。鉄筋コンクリートの建物にとっては、早期にクラックを補修することが建物を長持ちさせることにつながります。特に、貫通クラックや構造クラックを見かけたら、早急な補修（部分的でも可）が必要です。そのうえで定期的な外壁の塗り替えを実施し、外壁の保護力を取り戻すことが大切です。

図 35　RC 造塗装仕上げ外壁・爆裂

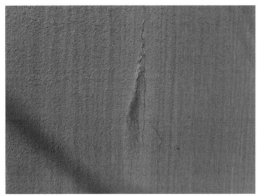

図 36　RC 造塗装仕上げ外壁・クラック

⑩ RC 造のタイル外壁　【RC 造】

　鉄筋コンクリートにおいて、タイル張りの外壁は意匠性が良いことから
たいへん人気があり、日本でも多く見られます。タイル自体は基本的に無
機質なので、紫外線や雨の影響を受けにくく、多少の色あせなどはありま
すがほとんど劣化しません。しかし、タイル自体が劣化しなくてもタイル
外壁は定期的なメンテナンスが必要です。タイルを貼り付ける接着剤、下
地であるコンクリートやモルタルなどが劣化するからです。特に懸念され
る劣化事象が「浮き」や「剥離」です。タイル外壁はタイルを貼り付けて

いる接着剤（圧着モルタルなど）や下地のモルタルなどの経年劣化により部分的に浮きが発生します。さらに時間が経つと、浮いた部分が周辺にも影響を及ぼし、浮きの範囲が拡大していきます。浮いた空間に雨水が浸入することで劣化がさらに進行し、地域によっては凍結などの影響もあり、ますます浮きが拡大していきます。タイルの浮きが進行・拡大すると、落下・剥落などのリスクが高まりますので、早めに対応する必要があります。タイルの浮きは、浮き部分にエポキシ樹脂などを注入する工法、注入と合わせてステンレスのピンでタイルを押さえる工法、浮いたタイルを剥がして貼り替える工法などがあります。いずれにしても、タイル外壁は常に落下・剥落のリスクと背中合わせですので、定期的な浮きの検査とそれに伴うメンテナンスが必須となります。また、塗装仕上げ外壁と同様にクラックが発生することで爆裂を誘発する可能性がありますので、浮きの検査・メンテナンスと同時にクラックの修理も必須となります。

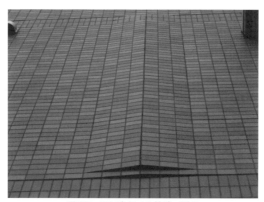
図 37　RC 造タイル外壁・浮き

⑪パネル外壁【S 造・RC 造】

　RC 造や鉄骨造の外壁にはパネル張り外壁もあります。基材にスチール、アルミ、ステンレスなどを用いフッ素樹脂などを塗装した金属系の外装パネルは、平滑性が高く、その意匠性は近代的な雰囲気を醸し出します。また、窯業系や木質系、ガラス系パネルなどもあり、RC 造の建物に多い塗

装仕上げやタイル張り仕上げとは一線を画す外装材となっています。RC造の場合、躯体にアンカーなどで下地を取り付けた後、パネル材を固定しています。そのためパネルの裏には空間（隙間）が存在します。パネル同士の目地（ジョイント部）は、主にシーリング材で仕上げますが、最近ではシーリングが不要なパネルもあります。光沢があり、耐候性も高いことから、メンテナンスサイクルは長めとなっています。軽量のアルミパネルなどは外装のリニューアルでも使用され、旧外装を覆うことで建物の雰囲気を大きく変えることが可能です。

　大半のパネル外壁においては、パネル間の目地をシーリングで処理しているため、経年劣化するシーリングの定期的な打替えが必要となります。

　建物全体にパネルを取り付けている場合、躯体の経年劣化を目視で確認することができません。躯体にクラックや爆裂の進行があっても発見しづらいというデメリットがあります。

図 38　金属パネル外壁

⑫石張り外壁【S 造・RC 造】

　見た目の重厚感や高級感から根強い人気があるのが石張り仕上げの外壁です。主に御影石、大理石、人造石などがあります。御影石は耐久性が高く外装材に向いています。一方、大理石は酸には弱い傾向があり、その美しい色合いなどから内壁などに向いています。同じ石材でも表面の仕上げ

によって、本磨き仕上げ、水磨き仕上げ、バーナー仕上げ、割り肌仕上げなどがあります。外壁では乾式工法が多く用いられます。コンクリート躯体に打ち込んだアンカーと石材パネルを専用のアングル材でつなぎ留めながら組み上げる工法です。乾式工法の場合はパネル張り外壁と同様に、石材と下地との間に空間が存在しています。一般的な工法では石材間の目地（石目地）はシーリング材で塞ぎます。シーリングの経年劣化により、目地部分から雨水などが浸入すれば躯体に悪影響を与えます。また、サッシ周辺から雨水が室内側に浸入し雨漏りを起こすケースもあります。そのため定期的なシーリングの打ち替え工事が必要です。使用するシーリング材の選定を誤るとシーリング材の成分が石材側に浸透、汚染し、石材が変色するトラブルが発生するので注意が必要です。

図 39　石張り外壁

3 | メンテナンスのポイント

①屋根の葺き替え

　屋根は建物の中で最も雨や紫外線の影響を受けます。必然的にメンテナンスの必要性が高くなります。瓦や野地板（屋根の下地）の劣化が進行すると葺き替えが必要になる場合もあります。

・瓦屋根

　代表的な和瓦の場合、瓦が割れていなければ葺き直しによる再利用が可能です。瓦を一旦降ろし、下地の野地板や垂木、下葺材であるアスファルトルーフィング、瓦桟木などを修理（補強）してから、降ろした瓦を葺き直すことができます。セメント瓦も物理的には葺き直しによる再利用が可能ですが、万一割れてしまった場合の代替品がないため、葺き替えの際は他の屋根材に変更するケースがほとんどです。

図 40　瓦屋根修理

・スレート瓦屋根

　スレート瓦屋根の場合、一般的には築 30 年前後が葺き替えの目安となります。古いスレート瓦にはアスベストが混入されており、廃棄・処分する際の処理費用が高額となる可能性があるので注意が必要です。そのため、最近では既存の屋根材を撤去せず、その上から新たに屋根をかぶせるカ

バー工法（※）が広く普及しています。撤去の際に割れてしまうため、和瓦のように既存の屋根を葺き直すことは困難です。

図41　傷んだスレート瓦屋根

・金属屋根

　金属屋根の場合は使われている金属の材質によって様々ですが、一般的には30年前後がメンテナンスの目安です。勾配が緩い金属屋根の場合、軒先部分が傷みやすいので注意が必要です。近年は耐久性の高いガルバリウム鋼板が普及し、主流になっています。古くから多く使われてきた亜鉛メッキ鋼板の場合、ガルバリウム鋼板と比べて錆が発生しやすく、放置すると穴が空いてしまうため定期的なメンテナンスが重要となります。スレート瓦屋根と同様に、近年は既存の屋根の上に重ね葺きするカバー工法（※）を採用するケースが増えています。

図42　傷んだ瓦棒屋根

・屋根のカバー工法について

　スレート瓦屋根や金属屋根のメンテナンスにおいて、近年では既存の屋根の上に新しい屋根を重ね葺きするカバー工法が広く普及しています。

　カバー工法のメリットとして、①葺き替えと違い既存の屋根を剥がさないため、施工中の雨漏りトラブルの可能性が低い、②既存屋根を剥がさないため、その分の処理費用が大幅に減額できる（特にスレート屋根のアスベスト混入材の場合は処理費用が高額となる）、③葺き替えと比較して工期が短縮できる、などがあります。

　逆にデメリットとしては、屋根材の下地（野地板や垂木）の状態確認や補修・補強ができないことです。仮に下地が傷んでいたとしても、そのまま上からかぶせてしまうため補修することができません。また、屋根を重ねて葺くということは屋根が2重になるということです。カバー工法の場合は比較的に軽い金属屋根を使用するケースが多いですが、現状より重くなることは間違いありません。その分だけ建物への負担も多くなります。

　たいへんメリットが多く人気のあるカバー工法ですが、このようなデメリットがあることも知っておく必要があります。

②屋根の塗り替え

　屋根のメンテナンスの一つに塗り替え工事があります。現状において雨漏りしておらず大きな傷みや劣化が少ない場合には塗り替えが可能です。もし雨漏りしているのであれば、下葺材（アスファルトルーフィングなど）に不具合があるということです。下葺材の不具合を放置したまま屋根を塗り替えても雨漏りは絶対に止まりません。また、著しく劣化してしまっている屋根材は、既に耐久性が失われている可能性が高く、塗り替えるメリット（効果）が少ないため、おすすめできません。劣化が進行し弱くなっている屋根材は、塗装作業中に破損してしまう危険性もあります。

・瓦屋根、セメント瓦

　和瓦は耐久性が非常に高く、割れさえしなければ基本的に塗り替えの必要はありません。ただし、経年によって劣化・欠損した漆喰の補修や、大棟・隅棟の棟のズレなどを直す「取り直し」が必要となります。

図43　棟の取り直し

　セメント瓦の塗り替えについては、作業の際に瓦が割れてしまうリスクがあるためおすすめできません。既に生産されていないため、もし割れてしまった場合に交換することができないからです。

・スレート瓦屋根

　コロニアルやカラーベストなどのスレート瓦は、経年によって表面に施している塗装が劣化します。定期的に塗り替えることによってスレート瓦を保護する効果があります。塗膜がスレート瓦への雨水の浸透を低減し、材質の劣化や凍害による割れを防ぐことができます。10年〜15年に1度のサイクルで塗り替えるのが一般的です。

　塗り替えの際は、高圧洗浄による下洗い工程で、汚れ、カビ、コケ、既存塗膜の脆弱部をしっかり落とすことが重要です。この下洗い工程を怠ったり、洗浄が不完全だと、塗った塗膜がすぐに剥がれてしまいます。洗浄後、しっかり乾燥させてから専用の下塗り材（シーラー・プライマー）を塗布、その後、屋根用の塗料（シリコン塗料、フッ素塗料など）を規定回数塗り重ねます。なお、スレート瓦の重なり部分を塗料で塞いでしまうと、

瓦の裏にまわった雨水が逃げ場を失い、雨漏りなどのトラブルにつながる場合があります。そのため、スレート瓦屋根を塗装する場合には「縁切り」という作業によって、屋根の重なり部分の隙間を確実に確保することが重要となります。近年では縁切り専用部材などもあり、縁切り不足によるトラブルも減少しつつあります。

図44　縁切り専用部材を挿入

・金属屋根

　金属屋根の場合、錆による劣化や腐食を防ぐため、適切な時期に塗り替えることが重要になります。金属屋根の表面に錆が発生した時や、塗膜の表面が劣化して粉が吹いた状態（＝チョーキングと言います）になった時がメンテナンスの目安となります。金属屋根は錆が進行すると腐食によっ

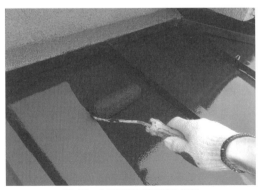

図45　金属屋根の塗り替え作業

て穴が空いてしまうことがあり、メンテナンス時期を逸してしまうと葺き替えや重ね葺き工事が必要となります。定期的に塗り替え工事をすることで、錆の発生や錆による腐食を防ぐことが可能です。

　塗り替えの際は、ケレン作業（＝塗装面の下地・素地調整）によって、表面の汚れや、錆、既存塗膜の脆弱部をしっかり除去してから、専用の下塗り材（エポキシ系錆止め材など）を塗装し、屋根用の塗料（シリコン塗料、フッ素塗料など）を規定回数塗り重ねて仕上げます。

③屋上防水

　屋上防水には、防水層が表面に見える露出構法と、防水層を「押さえコンクリート」などで保護する保護構法があります。押さえコンクリートは、防水層がふくれたりはがれたりしないよう上から押さえる役割と、防水層表面を物理的に保護する役割を担っています。押さえコンクリートは保護層であり防水層ではないので、仮にひび割れが起きたり、伸縮目地などが傷んでも、雨漏りに直結することはありません。ただし、防水層への影響が疑われるほどの著しいひび割れや、目地部などに草木が根付いた場合には、防水層を傷め、雨漏りの原因になる可能性もあります。

・屋上防水の改修

　屋上防水の改修においては、既存の防水層をはがしてしまうと工事中に

図46　押さえコンクリートのひび割れ

雨漏りが起きるリスクがあります。そのため、改修工事の際には、既存の防水層の上に新しい防水層を重ねる工法が一般的です。また、臭気の問題や作業の安全面から、改修工事におけるアスファルト防水の熱工法などは現実的ではありません。そのようなことから、屋上防水の改修においては、主にシート防水と塗膜防水が採用されています。ここでは、特に改修工事で採用されることが多い、塩化ビニル樹脂系のシート防水とウレタン塗膜防水について、施工のポイントや注意点などをご紹介します。

・塩化ビニル樹脂系シート防水

　塩化ビニル樹脂系シート防水には、接着工法と機械的固定工法があります。接着工法とは下地（施工面）に接着剤を塗布し、防水シートを張りつける工法です。機械的固定工法は、下地(施工面)に専用アンカーで固定ディスクを設置し、その固定ディスクと防水シートを接着（溶着）させることで張っていく工法のことです。接着工法と違って全面接着しないため、下地の影響を受けにくいことが特徴です。屋上防水の改修工事においては機械的固定工法を採用するケースが一般的です。防水層としての強度や耐久性は高い反面、シームレス（つなぎ目がないこと）な塗膜防水と違い、シート同士の張り合わせ（ジョイント＝つなぎ目）部分が経年によって剥がれるリスクがあります。また、突起物などの立体に対する施工が難しいという作業上のデメリットもあります。

・ウレタン塗膜防水

　屋上防水の改修で採用されることが多いウレタン塗膜防水には、密着工法と通気緩衝工法があります。密着工法は下地（施工面）にウレタン塗膜を直接塗りつけて密着させる工法です。通気緩衝工法は、ウレタン塗膜と下地（施工面）との間に通気層（湿気や水分を通気させる層）を作る工法です。屋上防水のような広い面には通気緩衝工法を、ベランダのような狭い面には密着工法を採用するのが一般的です。屋上のような広い面に密着工法を採用すると、湿気や水分の影響により防水層が膨れるなどのトラブルが発生するため注意が必要です。ウレタン塗膜防水の施工に際して最も

注意しなければならないのは、塗膜の厚み（＝膜厚）を確保することです。膜厚が不足すると亀裂や剥がれの原因になります。また、天気や気温に対しても注意を払わなければいけません。ウレタン塗膜の表面が硬化する前に雨が降ると表面がクレーター状に荒れてしまうので、あらためてやり直しになります。冬などで気温が低すぎる場合には硬化不良が発生し、適切な塗膜が形成されません。

図47　ウレタン塗膜防水の施工中

・笠木の処理

　下の写真は屋上の笠木です。屋上のパラペット（外縁の立ち上がり部分）の天端（上面）に設置してある金属製のフタのようなものが笠木です。

図48　屋上の笠木

笠木には継ぎ目や隙間があり、笠木の裏側には雨水が浸入する可能性があります。笠木の内側部分の防水状況に不安がある場合は、屋上防水の改修の際、笠木を取り外してパラペットの天端まで施工する必要があります。

・配管の引き込み部

　屋上に「鳩小屋」あるいは「パイプシャフト」と呼ばれる立体物がある場合があります。配管類からの雨漏りを防ぐために設けられています。配管の貫通部から雨水が鳩小屋内に浸入すると雨漏りにつながる可能性がありますので、配管の貫通部から雨水が浸入しないよう処理する必要があります。

図49　鳩小屋

・ドレン（排水口）

　屋上に降った雨水は、ドレン（排水口）から排水管（雨樋）を通って排出されます。RC造や鉄骨造の屋上においては、このドレン部分からの雨漏りがたいへん多くなっています。防水層とドレンの取り合いに不具合があったり、ドレンそのものに不具合が起きた場合、雨漏りに直結します。防水層とドレンは異種接合部でもあるため、不具合が最も起きやすい部分でもあります。そのようなことから、屋上防水の改修の際には、ドレン部分も同時に改修するのが一般的です。せっかく防水層を更新してもドレンに不具合が起きれば確実に雨漏りするからです。雨漏り予防の観点からも

屋上防水工事の際にドレン改修まで行うのは必須と言えるでしょう。

　下記写真は、ウレタン塗膜防水の際に用いる「鉛製改修ドレン」です。鉛部分（ホースの先端の板になった部分）とウレタン塗膜を密着させたうえで、ホースを排水パイプの中に差し込みます。改修ドレンと新規防水層が一体化することで、初めて屋上防水が完全な状態と言えます。重要なポイントとして、ホースが下向きになる竪樋部分まで差し込むことが大切です。大雨の時などに大量の雨水が流れ込むと、逆流した雨水が改修ドレンの裏側にまわり込み、雨漏りにつながるリスクがあるからです。

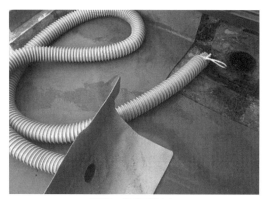

図50　改修用ドレン

④木造の外壁塗り替え

　近年、ライフサイクルの変化に応じて、建物の長寿命化が求められるようになりました。それに伴い、メンテナンスの必要性も議論されるようになってきました。特に外壁の塗装リフォームは、さまざまな媒体で、その必要性が取りざたされています。定期的に塗装することによって「建物を保護する」という内容です。しかし、そもそも建物の「どこ」を保護するか明確になっていません。モルタルでもサイディングでも、外壁材の表面に塗装しようがしまいが、構造体には直接的な影響はありません。日射や雨水は構造体まで届かないのです。したがって塗装することによる保護効果があるのは外壁材に限られます。また、一般的な外壁用の塗料には防水

性はありません。外壁材を突破して雨水が浸入する原因としては主にひび割れが考えられますが、特殊な塗料を除き、塗装によってひび割れの発生を防ぐことはできません。構造的なひび割れは建物が動くことによって発生しますが、一般的に使用されている塗料のほとんどは、建物の動きに追従できるほど伸縮しません。一般的な塗料が有する防水性は「水をはじく」「雨水を吸い込みにくくなる」程度と言えます。

　そもそも一般的な木造建築物においては、構造合板の表面にアスファルトフェルトや透湿防水シートといった防水層（＝二次防水）が施されており、この防水層によって雨漏りを防いでいます。外壁材はその二次防水を保護するための役割（＝一次防水）を担っています。もし雨漏りが起きたとすれば、この防水層（二次防水）に不具合があるということです。表面の外壁材を塗装しても根本的な解決にはなりません。

図51　二次防水＝透湿防水シート

　だからと言って、外壁の塗装などしてもしなくてもよいということではありません。一次防水としての役割がありますので、外壁塗装が著しく劣化すれば大切な二次防水に悪影響を及ぼす可能性もあります。長い目でみた場合には外壁塗装にも大切な役割があると言えます。

　また、外壁塗装をするということは、建物全体を目視し、触ることでもあります。例えば、もし外壁を塗っているとき、一部分だけ柔らかい感触

を感じたのであれば、もしかしたら下地が腐食している可能性があります。普段目につかない部分のひび割れや隙間を発見できるかもしれません。このように、定期的に外壁塗装をすることは、定期的に建物の外装全体を点検することにつながるのです。この点には大きな意義があります。

　例えるなら「人間ドック」のようなものだと考えることもできます。建物の長寿命化が求められているのであれば、同時に定期的な検査も必要と言えるでしょう。定期的に外壁塗装をすることは、建物にとっての「人間ドック」のようなものなのです。

・外壁塗装のポイント

　外壁のひび割れには「構造クラック」と「乾燥収縮ひび割れ」があります。構造クラックとは、建物の動きによって発生するものや、増改築などで新旧のモルタルの境界に発生するものなど、構造上発生するひび割れの総称です。乾燥収縮ひび割れとは、モルタルの硬化過程において、余分な水分を排出することにより体積が減少して起こるひび割れのことです。構造クラックは再発のリスクがあるので注意が必要です。あえてひびの幅を広げ、弾力性のある補修材を充填することにより、ひび割れの動きに追従させる「Uカットシール材充填工法」という工法を用いる場合もあります（「Uカットシール材充填工法」については次ページ参照）。

⑤ S造・RC造の外壁塗り替え【S造・RC造】

　鉄骨造（S造）や鉄筋コンクリート造（RC造）においては、外壁塗装の劣化が躯体に悪影響を及ぼす場合があります。劣化した部分から雨水が浸入することで、雨漏りにつながったり、浸入した雨水によってコンクリート内部の鉄筋が錆びて爆裂が発生するなど、建物の劣化につながります。鉄筋コンクリート造や鉄骨造の場合は、木造と違って二次防水がないので、外壁表面の一次防水のみで雨を防いでいるからです。特にALCパネルの外壁の場合、ひび割れがあるとダイレクトに雨水が浸入してしまいます。また、鉄筋コンクリート造の外壁もひび割れから雨水が浸入し、雨漏りが

発生したり、爆裂を誘発する場合があります。下の写真はALCパネル外壁のひび割れです。この大きさのひび割れであれば、確実に雨水が浸入するので注意が必要です。

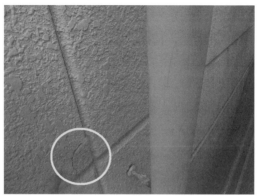

図52　ALCパネルのひび割れ

　RC造におけるひび割れの補修方法は「Uカットシール材充填工法」が一般的です。工法のポイントは、専用刃を付けた電動カッターでひび割れをU字型に拡幅することです。拡幅して広げたひび割れ部分に、シーリング材や可とう性エポキシ樹脂などの伸縮性がある補修材を充填することによって、ひび割れの動きに追従することが可能になります。

図53　Uカットシーリング処理施工中

外壁に発生するカビやコケが原因で、外壁材の劣化が進行することもあります。周辺の湿気が多い、風通しが悪い、日が当たらないなど、立地条件によって、カビ・コケが生えやすい部分があるので注意が必要です。カビ・コケが生えているからと言って、必ずしも外壁塗装が必要とまでは言えませんが、カビ・コケが生えている以上は、多少なりとも外壁塗装が劣化していると言えますので、塗り替え時期の一つの目安にはなります。

図54　ALC パネル外壁のカビ・コケ

　外壁の劣化が進行して塗膜が剥がれてしまったり、何らかの原因で外壁の塗膜が膨れて中に水が溜まることがあります。そのまま放置すると剥がれや膨れが進行し、外壁の状態は悪化してしまいます。

図55　外壁塗膜の剥がれ

外壁の汚れも外壁塗膜が劣化しているサインの一つです。一般的な外壁塗料には、防汚（汚れにくくする）作用のある添加剤を使用しています。その添加剤の効果が落ちていている、または経年や紫外線の影響で塗料そのものの劣化が進行して汚れが付きやすくなっている可能性があります。外壁が汚れたからすぐに塗り替えが必要ということはありませんが、汚れが著しい場合は、劣化を防ぎ外壁を保護する観点からもメンテナンス時期の目安と考えても良いでしょう。

図 56　外壁の汚れ

　鉄筋コンクリート造の塗装仕上げ外壁には下地モルタルが下塗りされている場合がありますが、経年によって下地モルタルに「浮き」が発生し、剥落や落下の危険性が生じます。このため外壁塗り替え工事の際は、下地処理として下地モルタルの「浮き」の補修が必要です。「浮き」の補修方法には大きく 2 通りあります。浮いた部分を剥がし、新たにモルタルを塗りつける方法と、浮いたモルタルを残したまま、「浮き」部分（躯体とモルタルの隙間）にエポキシ樹脂系の接着剤を注入するなどしてモルタルの剥落を防ぐ方法です。モルタルを残す工法の中には、エポキシ樹脂の注入と共にアンカーピン（金属製のピン）を打ち込んで止める「アンカーピンニング工法」と呼ばれる工法もあります。最近の下地モルタルの「浮き」補修においては「アンカーピンニング工法」が多く採用されています。

コンクリート内部の鉄筋は、コンクリートがアルカリ性であることから、理論上は錆びることはありません。しかし、実際にはコンクリートの中性化やひび割れによる雨水の浸入など、様々な要因によって錆が発生し鉄筋が腐食することが起こりえます。鉄筋に錆が発生すると、その体積は約2.5倍にまで膨張します。その膨張した圧力に耐えられずコンクリートがひび割れを起こし、コンクリートの剥離や剥落が生じます。この現象を「爆裂」と言います。この「爆裂」も、「ひび割れ」や「浮き」と同様に、外壁を塗り替える際の下地処理において補修する必要があります。

「爆裂」の補修方法は、まずは爆裂箇所のコンクリートをはつり落とし、錆びて腐食している鉄筋を露出させます。鉄筋の錆びを処理したうえで、防錆材料にて鉄筋を被覆します。その後、断面修復材にて欠損したコンクリートを復元します。

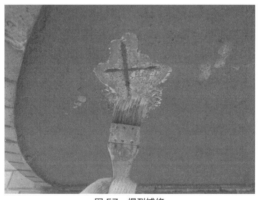

図57　爆裂補修

ひび割れや爆裂などへの予防効果を期待できる塗装工法として「防水系複層仕上げ塗り」があります。弾性を有する下塗り材を特殊なローラーや吹き付けにて塗布することにより、通常の塗装工法よりも厚い塗膜を形成します。弾性のある塗膜が、ひび割れを起こすような表層の動きに追従することで外壁への雨水浸入を防ぐ効果が見込まれています。

図58 弾性塗材のマスチック塗り（厚塗り）

⑥サイディング外壁【木造】

　サイディング外壁においては、サイディング材のジョイント部分の目地にシーリング材が充填されているのが一般的です。この目地のシーリングが劣化し切れてしまうと雨漏りに直結すると思っている方が多いようです。また、そのように説明して、お客様の不安感をあおり早急な工事の契約を迫る営業マンもいます。しかし、一般的なサイディング外壁において、サイディング目地のシーリング材が切れたり剥がれたりしても雨漏りに直結するケースは多くありません。そもそも構造体への雨水浸入は、サイディングの内側に張ってある透湿防水シートなどの二次防水で防いでいるから

図59 サイディング目地シーリングの劣化

です。さらに最近のサイディングの建物は、ほとんど通気構法を採用しており、サイディングの裏に入り込んだ雨水がスムーズに建物外部に排出される仕組みになっています。ですので、シーリング材が切れたりはがれたりしても、それが雨漏りに直結するケースは極めて少なくなっています。

　ただし、窯業系サイディング材の場合は、シーリングが切れたりはがれたりすることで、小口面（サイディング材の横面）から雨水が浸透し、サイディング材自体の劣化が進行する可能性があるので注意が必要です。小口面から雨水が浸入し、窯業系サイディング材が水分を含むことで、表面に塗装してある塗膜が膨れたり剥がれることもあります。

図60　小口から雨水を吸って塗膜がはがれている状況

　金属系サイディングについては錆に対する対策が重要です。現在最も多く流通しているのはガルバリウム鋼板のサイディング材です。ガルバリウム鋼板はアルミと亜鉛の合金メッキ鋼板です。古くから使われている亜鉛メッキ鋼板より防食性能は高くなりましたが、錆が発生しないわけではありません。錆のメカニズムを理解したうえで、適切なメンテナンスを実施する必要があります。水がたまりやすい箇所には板金加工を施し、水がたまらないようにする。また、どうしてもたまってしまう箇所に対しては、たまった水が排出するように穴を開ける。毛細管現象による雨水の吸い込みが起きないように、部材の隙間を適切な大きさにする。あえて大きくカッ

トして、毛細管現象が起きないようにする、などのメンテナンスの工夫が
大切になってきます。

図61　金属系サイディングに発生した錆

⑦タイル張り外壁【S造・RC造】

　タイル張り外壁の建物において懸念される問題が、タイルの剥離・落下
事故です。人通りの多い道路に面した建物の外壁タイル落下は人身事故に
つながります。2008年4月1日施行の建築基準法施工規則の改正により、
タイル外壁の定期的な全面打診調査が義務付けられました。危険な状態を
放置したり、安全対策を講じていない場合、建物の管理者はそれによって
生じた事故や財産侵害に対し損害賠償の責任を負う可能性があります。タ
イル外壁は定期的に点検する必要があるのです。点検方法は、タイル外壁

図62　タイル外壁の打診調査

全面を打診ハンマー（打診棒）という専用工具で叩き、タイルが浮いてないかを調査します。ここでの見落としはタイル落下につながるため、タイル外壁における打診調査には細心の注意が必要です。

　タイル外壁の「浮き」の補修方法は、下地モルタルの「浮き」と同様に大きく2通りあります。浮いたタイルを剥がし、新たにタイルを張り直す方法と、浮いたタイルを残したまま、「浮き」部分にエポキシ樹脂系の接着剤を注入するなどしてタイルの剥落を防ぐ方法です。下地モルタル同様に「アンカーピンニング工法」が採用される場合もあります。

図63　エポキシ樹脂注入工法

　なお、ALCパネル外壁のタイル張り仕上げにはALCパネル特有の問題があります。建物のコーナー部分において、大きなクラック（ひび割れ）が発生しやすい特徴があるのです。これはコーナー部分におけるALCパネルのジョイント部で大きなムーブメント（建物の動き）が発生することが要因です。外壁メンテナンスの際には、このコーナー部分に亀裂誘発目地を新設する必要があります。大きなムーブメントが発生することを前提として、予め目地を作りシーリング材を打設しておくことで、タイルやタイル目地にひび割れが発生することを予防する処置です。

図 64　ALC パネルタイル外壁の改修工事

⑧モルタル外壁【S 造】

　鉄骨造のモルタル外壁におけるクラック（ひび割れ）は、振動や揺れなど挙動に起因するものが多くみられます。モルタル外壁はパネル系の外壁と違い目地が少なく、ムーブメントを吸収する機能が弱いため、追従できない部分でクラックが発生することになります。

　ムーブメントが原因と考えられるクラックの処理は、そのムーブメントに追従できる機能が求められます。そのため U カットシーリング処理が有効だと言えるでしょう。鉄骨造モルタル外壁を塗り替える際の仕様は、ひび割れが発生しやすいという特性を考慮し、弾性の大きい下地調整材や仕上げ材を用いるほうが良いでしょう。弾性の高い塗膜によってひび割れを完全に防ぐことはできませんが、小さなひび割れの予防は可能ですし、ある程度の保護効果は見込めます。

図 65　鉄骨造モルタル外壁のクラック

また、現在の外壁を下地としてサイディングやパネルなどの新しい外装材を重ねる工法もあります。その場合、既存のモルタル外壁におけるひび割れリスクを考慮し、二次防水としてアスファルトフェルトなどを貼り付けることをおすすめします。

⑨コンクリート打ち放し【RC造】

　躯体がむき出しのコンクリート打ち放し仕上げは、雨や紫外線の影響を直接受けるため、塗装仕上げやタイル仕上げよりコンクリートの劣化が早く進行します。とは言え、メンテナンスの基本的な考え方は、塗装仕上げやタイル張り仕上げ外壁と大きく変わりません。ただし、打ち放しコンクリート外壁の場合、その意匠性を維持することに難しさがあります。

　打ち放しコンクリートの特徴はその独特の風合いにあります。コンクリートむき出しの無機質感と、そこから醸し出される高級感が好まれて採用されているのです。したがって、補修や改修工事などのメンテナンスによって、その風合いを変えたくないと望むオーナー様が多いのが現実です。外壁のひび割れなどを補修したあと、塗装やタイルで仕上げる塗装外壁やタイル外壁と異なり、コンクリート打ち放し外壁の場合、躯体がむき出しです。安易に補修すると、工事後に補修跡が目立ってしまい、せっかくのコンクリート打ち放しの風合い（美観）を損なう結果になってしまいます。

図66　コンクリート打ち放し外壁

そのため、最近では、いわゆる"打ち放し調塗装"などで、コンクリート打ち放しそっくりの風合いに塗装する改修工法が主流となっています。塗装を施すことで耐候性も高まりますので、建物を長持ちさせる観点からも有効な手段だと言えるでしょう。

⑩パネル外壁【共通】

　アルミパネル、ネオパリエ（商品名）、ホーロー鋼板などのパネル建材は、基材そのものはまったく吸水しません。耐久性も極めて高いため、基材自体が早期に劣化することはほとんどありません。パネルの取付方法は、鉄骨造においては鉄骨にボルト等を溶接し、鉄筋コンクリート造においては躯体にホールアンカーを打ち込み、それらのボルトやアンカーに設置したパネル取付用の金物にパネルを固定しています。全ての金物をステンレスにするよう仕様書に謳われていますが、建物によってはスチール製の金物が使われていることもあります。スチール製の場合には取付金物が錆びて支持しきれなくなることも想定されます。落下したらきわめて危険ですので、そのようなケースにおいては、パネルを取り外して、取付金物ごと改修する必要があります。鉄骨造・鉄筋コンクリート造いずれの場合においても、パネルの裏側は空洞になっています。この中に雨水が浸入することで雨漏りの原因になったり、鉄筋や鉄骨が錆びるなどの劣化が進行するの

図67　パネル外壁の建物

で、雨水が適切に排出されるよう水抜きを設ける必要があります。

　パネルのジョイント部はシーリング材で処理されていますが、このシーリング材で雨水の浸入を防いでいます。シーリング材が劣化し剥離することが雨漏りに直結する可能性が高いので、シーリング材の打ち替えなど定期的なメンテナンスが必要です。施工のポイントとして、サッシ上部の水抜き穴など、明らかに雨水排出のために設けられている隙間や水抜き穴については、シーリング材で埋めてはいけません。新たな雨漏りを誘発する危険性があるので注意してください。

⑪石張り外壁【共通】

　外壁に張る石材は、外装仕上げの中で最も重量がある材料になります。パネル外壁と同様、固定金物で取り付けてあります。パネル張り外壁と同様、スチール製の取付金物が使われている物件においては、石材をはがし、取付金物まで改修する必要があります。また、パネル外壁と違い石材は吸水性があるため、雨水を吸い込まないような雨仕舞いの工夫が必要ですが、現実にはシーリング材の防水のみに頼っているケースがほとんどです。

　メンテナンスにおいては、パネル外壁と同様にシーリング材の定期的な打ち替えなどが必要になります。施工のポイントも同様で、サッシ上部の水抜き穴など、明らかに雨水排出のために設けられている隙間や水抜き穴をシーリング材で埋めてはいけません。

⑫シーリング材【共通】

　シーリング材は、現在の建物には必ず使用されている防水材と言っても過言ではありません。木造・鉄骨造・RC造、全ての建築物において、重要な部分の防水をシーリング材に頼っている現実があります。そんなシーリング材も経年によって剥離や破断などの劣化や損傷が発生します。

・サイディング・押出成形セメント板の外シーリング

　サイディング材や押出成形セメント板のジョイント部（つなぎ目）には、

変成シリコン系シーリング材が充填されているのが一般的です。一般的に
この変成シリコン系シーリング材の上には塗装などされておらず、シーリ
ング材が露出（目に見える）している状態です。年数が経過するとサイディ
ング材や押出成形セメント板自体の収縮、あるいは建物の動きによって、
接着面とシーリング材が剥離します。また、紫外線や風雨などの影響でシー
リング材自体が劣化して破断や切れなどが発生する場合もあります。

　破断や剥離を放置した場合、破断部分から浸透した雨水でサイディング
材や押出成形セメント板そのものが劣化したり、外壁の裏側に雨水が浸入
し、雨漏りのリスクが高まることになります。そのため定期的にシーリン
グ材を打ち替えるなどのメンテナンスが必要です。

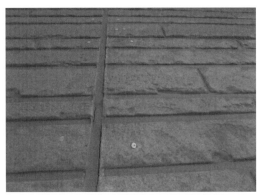

図68　サイディング目地シーリングの劣化

・ALC パネルのシーリング

　ALC パネル外壁の目地（ジョイント部）や、建具まわり（サッシやド
アのまわり）は、シーリング材で防水処理してあります。塗装仕上げ外壁
の場合、シーリング材の上に塗装が被っています。経年劣化や建物の動き
によってこのシーリング部分にひび割れや剥離が発生します。

　この劣化を放置すると、いずれ雨水が浸入し雨漏りの原因となってしま
います。ALC パネル目地に著しくひび割れや剥離が見られるようになっ
たらメンテナンスの時期です。シーリング材を充填する「打ちしろ」があ

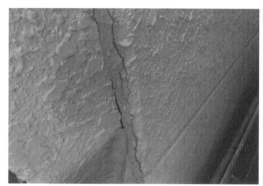

図69 ALC パネル目地シーリングの劣化

る場合は増打ち（上から被せる）によるシーリング材の更新をします。メンテナンス2回目、3回目となり、シーリング材を充填する「打ちしろ」がない場合は、シーリングの打ち替え（既存のシーリング材を撤去してから充填する）が必要となります。

図70 ALC パネル間目地シーリング
　　　　打ち替え処理

図71 タイル仕上げ ALC パネル目地
　　　　シーリング劣化

ALC パネル外壁のタイル仕上げの場合は注意が必要です。ALC パネル間の目地がタイルで隠れてしまっている場合が多いからです。塗装仕上げのようにシーリング材のひび割れは剥離などの劣化状況が確認できませ

ん。また、シーリング材の上に張ってあるタイルが動きに追従できずに割れることも少なくありません。タイルの損傷が著しい場合や、その部分から雨漏りが発生している場合には、一旦外壁のタイルを撤去したうえでALCパネル目地のシーリングを更新する必要があります。

・鉄筋コンクリート造（RC造）のシーリング

　鉄筋コンクリート造（RC造）においては、おもに建具まわり（サッシやドアのまわり）と、打ち継ぎ目地にシーリング材を使用しています。打ち継ぎ目地とは、コンクリート打設作業を計画的に中断する為に生じるコンクリート構造体の継目に形成する目地のことです。具体的には、鉄筋コンクリート造の建物において、1階と2階、2階と3階のように、各階の間に横方向に入っている目地のことです。このコンクリートの打ち継ぎ部分は、コンクリートが一体化していないため、シーリングの劣化や剥離が雨水の浸入につながり、雨漏りのリスクが高まる可能性があります。シーリング劣化や剥離が見られたらシーリングを打ち替えるなどのメンテナンスが必要となります。

図72　RC造打ち継ぎ目地シーリングの劣化

・各種取り合い部分のシーリング

　例えばアルミ笠木と外壁の取り合いなど、違う材質や部位の隙間などもシーリング材で充填することがあります。現在の建物において、何らかの

隙間から雨水の浸入を防ぐ場合には、シーリング材を使用するのが一般的になっています。そのため、シーリング材自体の劣化や剥離はダイレクトに雨漏りにつながるリスクがあります。取り合い部分のシーリングは目視できる露出仕上げの場合が多いので、劣化や剥離が見られたらシーリングを打ち替えるなどのメンテナンスが必要です。シーリング材の耐用年数は5年～10年程度が目安ですが、一般的には、外壁塗り替え工事などの外装メンテナンスの際に同時に処理することが現実的です。下の写真は、アルミ製の笠木と外壁との取り合い部分です。図73の写真のようにシーリング材が破断してしまっている場合は打ち替えが必要です。

図73　アルミ笠木と外壁の取り合い部分シーリング

⑬ベランダ・バルコニー防水【共通】

　バルコニーとは、「2階以上で」「屋外に張り出した」「屋根のない」「手すりのついた」スペースのことを言います。そのうち「床下が下階の居室になっている」ものをルーフバルコニーと言います。ベランダとは、「建物外部の屋根付きスペース」のことを言います。したがって木造住宅においては、多くがバルコニーかルーフバルコニーとなります。

　バルコニーには「構造型バルコニー」と「独立型バルコニー」があります。「構造型バルコニー」における手すり壁は、モルタルやサイディングなど、外壁と同じ仕様になっているものがほとんどです。また、構造の一

部となっているので、床には防水層が施されています。「独立型バルコニー」は、半自立のものが多く、張り出し側は柱で地面に支持し、居室側はアンカーボルトなどで構造梁に固定しているものが多いです。小さいものだと、柱を立てず、荷重を梁への固定のみで支えているものや、下屋根（母屋から差し出した下の階の屋根のこと）に乗せているものもあります。多くはアルミ製で、構造から独立しているため、床には防水層がありません。

図74　構造型バルコニー

図75　独立型バルコニー

・構造型バルコニーのメンテナンス

　構造型バルコニーの床には防水を施してある場合が一般的です。バルコニーに限りませんが、防水の弱点は端部（端末部）です。メンテナンスの

ポイントとしては防水層の端部の処理が重要になります。本来は新築時の施工において、防水層の端部を露出させないような施工がなされていれば安心です。しかし現実には、床防水を施す前にバルコニーへの出入口となるドアや掃き出し窓を先に取り付ける、いわゆる「先付け」施工のバルコニーも少なくありません。このような「先付け」施工のバルコニーの場合は、防水層の端部が露出してしまうため、防水上の弱点になり得るのです。したがって、このような「先付け」施工のバルコニーをメンテナンスする際は、特に防水端部の処理を工夫しなければなりません。

・笠木の処理

　手すり壁の天端に設置された、主にアルミ製のフタ状のものを「笠木」と言います。手すり壁の天端（＝上端）を塞がなければ雨水が浸入してしまいます。実はバルコニーからの雨漏りに関しては、その原因が床の防水より笠木にあることのほうが多いという統計もあります。これには理由があり、床に施される防水材は防水材メーカーが製造・販売しているため、仕様書やマニュアルなど正しい施工方法の基準が存在しています。しかし、笠木の施工に関しては、防水材のような正しい施工方法の基準が存在しないのです。そもそも笠木下の天端に対する防水処理について現場における責任が曖昧になってしまっている現実もあります。したがって、バルコニー

図76　バルコニーの笠木

をメンテナンスする際には、笠木の天端から雨漏りが起きていないかを慎重に見極める必要があります。もし雨漏りの可能性があるようなら、既存の笠木を取り外し、天端の防水層を更新する必要があります。

　構造型バルコニーにおいて、雨水浸入などのトラブルの有無を判断するにあたっては、バルコニー床や笠木の表面だけを見ていてもわかりません。ポイントは裏側です。浸入した雨水は基本的に下方に移動します。「上裏」と呼ばれるバルコニーの天井面や、ルーフバルコニーの場合は居室の天井をチェックしてください。バルコニー下の天井にシミや変色がないかを確認してください。特に、笠木の真下はそのような変化が生じることが多いので、定期的に注意深く点検することが大事です。

図77　バルコニー上げ裏の漏水をサーモグラフィーで撮影

・独立型バルコニーのメンテナンス

　独立型バルコニーにおいては、バルコニーと構造との取り合いがリスクの高い部分となります。バルコニーを支えるためにバルコニーの桁をアンカーボルトなどで構造梁に固定します。特に柱を持たず全ての荷重を梁で支えるタイプのバルコニーの場合、固定強度を維持するため、むき出しの梁にバルコニー桁を取り付けます。その上で防水シートを張り、外装仕上げを施します。ここが弱点になります。構造型バルコニーであれば、柱・梁・桁などは同じ仕組みで造作されるため、全ての構造部の表面に防水シートが施されます。しかし、独立型バルコニーの場合は、バルコニー部材であ

る鋼材に防水シートをかけないため、次の図78の写真のように梁と桁の取り合いで、桁をよけるように防水シートを張ることになります。

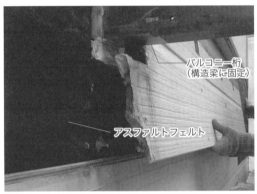

バルコニー桁
（構造梁に固定）

アスファルトフェルト

図78　バルコニー桁の取付部分

サイディングの下に張ってある黒いシートがアスファルトフェルトと呼ばれる防水シートです。桁を持ち出したことでアスファルトフェルトが不連続になってしまいます。シーリング材で止水処理していますが、そのすき間から構造合板が見えています。桁を外したところが次の写真です。

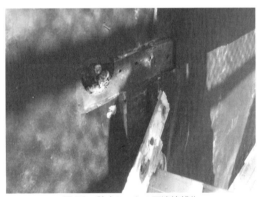

図79　防水シートの不連続部分

アスファルトフェルトが見事にくりぬかれています。こちらの建物では、この部分の下にあたる掃き出し窓上枠から雨漏りしていました。アス

ファルトフェルトの張り方が適切であれば雨漏りしなかった可能性が高いと考えられます。このようなバルコニーの取り付け部分をメンテナンスする際は、シーリング処理に工夫が必要です。雨水の入口となり得る天端をシーリング処理しても、裏側（地面を向いている面）には決してシーリングを打たないことが大切です。上も下もぐるりと覆い隠すようにシーリングを打ってしまうと、雨漏りのリスクが高くなります。先に劣化するのは日射や雨水を浴びる上側です。下側のシーリングが機能しているため、シーリングが劣化した上側から入り込んだ雨水が逃げ場を失ってしまい、室内へと浸入する可能性が高まるのです。

・鉄骨造と鉄筋コンクリート造のベランダ・バルコニー

　鉄骨造や鉄筋コンクリートにおいても、ベランダやバルコニーの防水メンテナンスは重要となります。屋根や屋上と同様に雨水を水平面で受け、なおかつ紫外線の影響も大きく受けます。屋上との違いは面積の大きさだけと言ってもいいかもしれません。ベランダやバルコニーも屋上と同様に、防水層に不具合が発生すると建物に大きな被害をもたらします。また、洗濯物を干す機会が多いなど、頻繁に出入りすることを考えると、歩行による劣化にも注意が必要です。

　メンテナンスのポイントとして、排水口の詰まりには注意が必要です。ベランダやバルコニーの排水口が詰まれば、水が溜まりプール状態になります。出入り口のドアやサッシなどの開口部があるベランダやバルコニーでは、その開口部の高さまで水が到達すると、ドアやサッシから大量の雨水が室内側に流れ込んでしまいます。植栽の葉っぱ、土、飛んでくるゴミだけでなく、洗濯物から出る繊維くずなども排水口を詰まらせる原因となりますので、こまめな掃除が大切です。

　経年によって防水層を保護しているコンクリートに、汚れやコケ、ひび割れなどが発生してきます。伸縮目地（成形目地）が割れて取れてしまったり、隙間から草などが生えてしまうなどの不具合も発生します。このような状態を放置すると、コンクリートの下にある防水層に悪影響を与える

可能性があります。草木の根が伸びて防水層を破断させ、雨漏りにつなが
る場合もありますので注意が必要です。

　鉄骨造や鉄筋コンクリートにおけるベランダ・バルコニーのメンテナン
スは、それぞれ建物の仕様によって様々な方法がありますが、近年はウレ
タン塗膜防水や塩化ビニル樹脂系シート防水が一般的です。なお、ウレタ
ン塗膜防水でも塩化ビニル樹脂系シート防水でも、それぞれに様々な仕様
があります。狭い面積のベランダであれば密着工法と言われるコンクリー
ト面と新たな防水層を密着させる工法が一般的です。しかし、ルーフバル
コニーなど比較的広い面積になると、密着工法ではコンクリートの動きに
追随できず破断してしまう、あるいは水蒸気が逃げ場を失って膨れが生じ
るなどの不具合が発生する可能性があります。そのため、そのようなケー
スでは、同じウレタン塗膜防水でも通気緩衝工法が適しています。また、
塩化ビニル樹脂系シート防水であれば、機械的固定工法などの仕様で対応
するのが一般的です。

図80　劣化したルーフバルコニー

⑭木部の腐朽【木造】

　木造住宅にとって大きな問題の一つが木部の腐朽です。雨漏りが原因と
なったり、何らかの理由で腐朽菌などが繁殖することで腐朽が発生します。

・雨漏りによる木部腐朽

　雨漏りが発生すると少なからず建物にダメージが発生します。木造住宅の場合は特に顕著です。長年の雨漏りで柱などが傷んでしまうと、最悪の場合、柱の入れ替えなどの大掛かりな工事が必要になる場合があります。

図81　漏水による木部の腐朽①

　図81の写真は長年に渡って雨漏りしていた木造住宅の柱です。この柱は通し柱で屋根まで伸びています。ちょうど雨水浸入位置に一番近い部分ですが、もはや柱の体をなしていません。まわりの板材もなくなっています。
　図82の写真も長年雨漏りに悩まされてきた住宅です。柱と桁の接合部分が腐朽によって既になくなってしまっています。ここまで傷んでいると

図82　漏水による木部の腐朽②

補強では対処できません。傷んでいる部分を撤去して入れ替える作業が必要になりました。

　図83の写真も屋根からの雨漏りです。屋根という高温になりやすい条件と雨漏りという水分の供給で野地板にカビが発生していました。

図83　野地板のカビ・腐食

　図84の写真は雨漏りによって腐朽菌が増殖してしまった建物です。構造用合板が腐朽菌で侵されてしまっています。桁、柱も大きな被害となっていて傷んだ桁、柱、土台まで入れ替えることとなってしまいました。

図84　腐朽菌の繁殖

図 85 の写真は結露によって腐朽菌が繁殖した事例です。

図85　結露によって腐朽菌が繁殖

⑮鉄部の錆、腐食【共通】

錆を防ぐためには、①鉄に水や空気を触れさせないこと、②電気的に鉄をイオン化させないこと、③赤錆以外の錆や不動態皮膜を形成させること、④アルカリ性にすること、⑤塩分を防ぐことなどの方法があります。それらをふまえたうえで、下記に鉄部の錆・腐食に対するメンテナンスのポイントをまとめます。

・錆止め塗料と塗装について

アルカリ性の皮膜をつくる鉛系、不動態皮膜をつくるクロム系の錆止め塗料は、人体に影響を及ぼす恐れが高いことから、既に廃止されています。現在は、主に電気的に鉄をイオン化させない亜鉛系、下地に強固に密着し水や空気を触れさせないタイプ（主にエポキシ系）、また、酸化させて不動態皮膜をつくる錆転換剤などがあります。ただし、亜鉛系の塗料や錆転換剤は完全に鋼の素地を出す必要があるため、住宅などの建物メンテナンスに関しては、エポキシ系の錆止めを使用することが一般的です。

・メンテナンスのポイント

まずは鉄に水や空気を触れさせないことが最も重要です。これに関し、まずは錆止め塗料の選定と塗り方について説明します。

錆止め塗料は密着性がよいもので、かつ塗膜が厚く付くものであることがポイントです。密着よく塗装するために、塗る前にできる限り錆を取り除くことが大切です。錆には水分が含まれていますので、錆を残せば密着力は弱まってしまいます。また、平滑な面より少し傷がついていたほうが、塗料がひっかかりやすく剥がれにくくなりますので、錆の有無にかかわらず、塗装する前の下地処理として、電動工具やサンドペーパーなどで施工面に傷をつける「目荒らし」が重要です。

　次の写真は、鉄製の手すりの柱に水抜きの穴を開け、中にエポキシ樹脂を注入しているところです。中空になっている手すりの柱は、内部に水がたまりやすくなります。その場合、外側だけ塗装しても内部からの錆の進行を食い止められません。そのため、写真のように手すり内部からの錆の進行を防ぐ工夫が必要になるのです。

図86　手すり内部へのエポキシ樹脂注入

　例えば、手すりの脚部根元が朽ちてほぼ原形をとどめておらず、グラグラしている場合などには、根元からモルタルで固めてしまうという方法があります。モルタルはアルカリ性なので、柱の錆びていない位置まで固め上げれば錆の進行を抑制できます。もっとも、本来であれば、ここまで酷い状態になる前にメンテナンスすることが重要です。

図87　手すり脚部をモルタルにて固めた状況

　鉄部のメンテナンスにおけるポイントとして最も大切なのが日常のメンテナンスです。目安としては3～5年に一度のサイクルで定期的に塗装工事をすることをおすすめします。錆が少ないうちに手を打つこと。少しでも錆が発生したら早めに塗装すること。何より大切なのは、腐食が始まる前のメンテナンスです。錆の段階であれば塗装で何とかできますが、腐食して穴が空いたり、欠損してしまってからでは、修理は簡単ではありません。復旧するためには溶接などの大掛かりな工事が必要になってしまいます。鉄部のメンテナンスは、早すぎるぐらいでちょうど良いと考えて、常に早め早めに実施することを心がけてください。

⑯アルミ部材【共通】

　アルミ部材は原則、腐食しません。アルミニウムは卑金属なので酸化しやすい特性がありますが、酸化した皮膜が非常に安定しており、たいへん腐食しづらい金属です。ただし、その酸化皮膜は、酸にもアルカリにも溶解しやすいため、強酸や強アルカリの溶液を触れさせないように注意すること、他には、塩分に弱いことや、電食が起こりやすいこと、また給湯器の吹き出し口からの熱気に弱いことなども同様です。

　建物においてアルミ材が最も多く用いられている部位がサッシです。近年はアルミの断熱性能の悪さから、樹脂製のサッシが使われることも多く

なってきましたが、既存の建築物ではまだまだ他の追随を許さない使用率です。一般的な取り付け方法は、溶接によってサッシを点付し、躯体との隙間にモルタルを詰めて固定します。鉄骨造や鉄筋コンクリート造においては、シーリングを施すことでサッシ周りを止水していますが、シーリングは経年によっていずれ破断してしまいます。そのシーリングの内側、サッシと躯体の隙間に詰められているモルタルの精度によっては、雨漏りのリスクが高まることになります。

図88　サッシ周りの詰めモルタルの不具合

　サッシなどのアルミ部材は全てが一体化していません。各部材の接合部を突き付け（突き合わせ）てあります。サッシの縦の枠と横の枠が組み付いている箇所も突き付けです。このような接合部においては、突き合わせる断面に止水材（ゴムパッキンなど）を挟んで止水処理していますが、経年劣化によってゴムパッキンが劣化し、すき間が大きくなることで、雨漏りの原因になる場合があります。

図89　サッシ突き合わせ

⑰雨樋（竪樋・軒樋）【共通】

　雨樋の役割は、屋根やベランダ、バルコニーから流れる雨水を滞りなく地上または排水口に導くことです。建物を必要以上に濡らさないことで、結果的に建物を長持ちさせることにつながる大切な役割です。屋根と平行している横方向の樋が軒樋、地上から上に向かっている縦方向の樋が竪樋、軒樋と竪樋をつなげているのが集水器と、大きく三つの部位から構成されています。雨樋の不具合で一番多いのが樋の詰まりです。屋根よりも高いところに樹木がある立地条件において多く見られるトラブルです。樹木がないところでも飛んで来たゴミやカラスなどが運んだゴミなどが詰まってしまう場合もあります。葉っぱやゴミなどが軒樋に堆積し、雨が降ると集

図90　樋の詰まり

水器に集まり、結果的に集水器が詰まってしまいます。これが詰まりのメカニズムです。集水器が詰まると軒樋に雨水が溢れ、軒樋からこぼれた雨水が建物を濡らしてしまいます。

　樋の詰まりをチェックする方法として、雨の日に確認することをおすすめします。高いところにある樋の詰まりは目視が難しいので、雨の日に樋から雨が溢れていないかを確認することでチェックできます。図90の写真は近隣に樹木がある住宅の軒樋です。葉っぱが堆積して樋が詰まっています。

　経年による劣化や、雪が降った時の雪の重みなどで、雨樋が壊れてしまう場合があります。破損した箇所が軒樋であれば、破損したところから雨水が集中的に落下します。落下する場所が建物の下屋根やバルコニーだった場合、集中した雨水が下屋根から雨漏りを起こすなど、様々な不具合が発生する場合があるので注意が必要です。図91の写真は大雪の際に壊れてしまった軒樋です。

図91　樋の破損

　屋上などの陸屋根における排水口も、ゴミや泥などが堆積して詰まらないよう、こまめに清掃することが大事です。

図92　屋上の排水口

・内樋は雨漏りしやすい

　近年、中高層の鉄骨造や鉄筋コンクリート造に勾配屋根を採用している建築物が増えています。中高層の建物では、戸建て住宅のように屋根先の外側に軒樋を設けません。軒樋にすると雨の降り方や軒樋の変形などによって雨水をうまく回収できない場合、高いところから大量の雨水が落下し、落下水圧による破損事故につながってしまうからです。そこで、近年では、勾配屋根を持つ中高層の建築物においては内樋をつくって排水口へ導水しています。この設計では、雨水が内樋に集中するため、雨漏りなどのトラブルが起きやすくなります。屋上床コンクリートの上に陸屋根と同

図93　RC造屋根の内樋

様の防水層を形成しているのであればまだしも、板金で内樋を造作しているものすらあります。このような内樋は、継ぎ目があるので、その継ぎ目から雨水が浸入しやすく、処理能力を超える雨が降った際には、排水しきれずにあふれてしまいます。そうなれば大量の雨漏りが発生するリスクがあります。

⑱板金部材（水切り、棟包、唐草他）【共通】

　木造住宅においては外壁や屋根などに様々な板金部材を使用しています。例えば外壁と基礎の間にある水切りがあります。言葉の通り外壁から流れてきた水の流れを断ち切るための部材です。

図94　水切りを塗装中

　屋根にも多くの板金部材が使用されています。屋根の頂部には棟包、軒先には唐草、谷部分には谷板または谷樋、切妻の部分にケラバ板金などがあります。いずれの部材も水の流れを集める、水の流れを断ち切る、水の流れを遮断する目的で使用されます。また板金部材は水や紫外線の影響を強く受ける部分で耐久性が必要とされます。現在ではガルバリウム鋼板が主流となっています。ガルバリウム鋼板は錆に強いと言われており、表面には塗装が施されています。塗装の劣化は基材を痛めてしまうことにつながるので定期的な塗り替えなどのメンテナンスが必要です。メンテナンス

のポイントとしては単体で考えるのではなく、10 年〜 15 年に 1 回定期的に行われる外壁や屋根の塗り替えと同時に施工するのが一般的です。

　次の写真は、棟包（むねづつみ）（屋根の頂部である棟を包んでいる金属などの呼称）板金を塗装しているところです。屋根の塗り替えと同時に付随する板金部分も塗装しています。写真はエポキシ系錆止めを塗装しているところです。

図95　棟包板金を塗装中

　棟包板金（むねづつみ）は、内側に貫板（ぬきいた）と言われる木材があり、その木材に釘を打ち付けて固定しています。経年による貫板の劣化と釘の緩みによって、棟包板金が強風で飛ばされる場合があるので、定期的な屋根の点検が大切です。劣化状況によって必要であれば貫板と棟包板金の交換・補強が必要となります。

図96　棟包板金が飛んでしまった棟

・鉄骨造・鉄筋コンクリート造における板金

　鉄骨造（S造）・鉄筋コンクリート造（RC造）においても木造住宅と同様に板金部材は使用されています。例えば斜壁部分（斜めになっている壁）です。アスファルトシングル葺きの場合は木造のスレート屋根と同様に、ケラバ板金や軒先板金などを使用します。また、笠木部分にもアルミ製ではなく板金笠木を使用している場合も多く見受けられます。現在ではガルバリウム鋼板が一般的です。

図 97　斜壁の軒先唐草板金

図 98　屋上の板金笠木

　鉄骨造・鉄筋コンクリート造における板金部材のメンテナンスについては、木造住宅と同様となります。鉄骨造・鉄筋コンクリート造における板

金部材は、木造で使用している板金部材と、基本的な材質などの違いはありません。したがって木造の場合と同様に、板金部材単体でのメンテナンスではなく、建物全体の改修工事に合わせて塗装などのメンテナンスを実施するのが一般的です。

⑲シロアリ【木造】

・シロアリについて

　「アリ」という名がついていますが、黒アリがハチの仲間であるのに対し、シロアリはゴキブリの仲間です。また、アリは肉食ですが、シロアリは死んだ植物、特に木材を食します。シロアリには植物細胞の細胞壁や、植物繊維の主成分であるセルロースを分解する機能が備わっているため、「土に還す」という、地球環境の保全におけるメカニズムの構築に役立っている存在でもあります。人間にとってシロアリは害虫ですが、自然界にとってはたいへん重要な役割を担ってくれているのです。

・シロアリの種類と生態

　日本において建物に被害をあたえるのは、主に「ヤマトシロアリ」「イエシロアリ」の２種類です。ヤマトシロアリは北海道の一部や高地を除く全国に生息しており、イエシロアリは関東南部以西・以南の、主に沿岸部が生息域となります。ようするに日本中どこにでもいるということになります。通常は土の中で暮らしており、暗くてあたたかな場所を好みます。逆に、日差しや風には弱いです。したがって建物へ浸入するのは床下からとなります。また、日差しや風を避けるため、「蟻道」と呼ばれる筒状の道を作って餌場である木材へ行き来しています。

・メンテナンスのポイント

　建物の内部においてシロアリが発生するのは、雨漏りしている場所だったり、浴室や水道などの設備から漏水していたり、たいてい水にかかわる場所です。しかし、シロアリの防除に用いる薬剤は水がかかっている箇所に散布しても効果が少ないと言われています。したがって、シロアリが発

生する場所は、同時に薬剤の効果が少ない場所でもあります。したがって、シロアリを防ぐためには、薬を撒くより、まずは漏水を起こさせないほうが先決だと言えるかもしれません。薬剤については、常に水が供給されるような部位には効果が発揮されないため、漏水が起こっていない場合のみ有効と言えます。ですから、優先すべきは、薬剤をまくことより、床下を点検して、漏水が起きていないか、必要以上にあたたかく湿気を帯びていないかを確認し、漏水状況の改善を図ることです。次の写真は過去にあった典型的なシロアリ被害の事例です。

図99　シロアリ被害

　上の写真は、上部がモルタル下地に塗装仕上げ、下部が磁器タイル張りの建物です。塗装とタイルの取り合い部のシーリングが劣化して雨水が浸入していました。矢印部分がシロアリです。この場所は2階と3階の間ですので、シロアリが土中からこの高さまで上がってきたということになります。

第 3 章

住宅メンテナンス
失敗事例と解決策

1 | 木造編

スレート瓦屋根を塗り替えたら
雨漏りが起きてしまった

　住宅用のスレート屋根（＝スレート瓦）は、新築時はメーカーで表面に塗装を施した状態で出荷されます。新築から10年程度経過すると表面の塗装が劣化し、スレート瓦本体に雨水が染み込むようになり、表面にコケが生えてくるなど、素材の劣化や凍害などによる割れが発生するようになります。スレート瓦を少しでも長持ちさせるために、定期的なメンテナンスとして塗り替え工事が有効です。塗り替えによって建物の劣化や雨漏りを防ぐことはできませんが、スレート瓦そのものを保護し長持ちさせる効果はあります。今回ご紹介する事例は、スレート瓦を長持ちさせるために、実施した屋根の塗り替えメンテナンスで起きてしまった失敗事例です。

　築21年、2階建て木造住宅、屋根はコロニアル、外壁はモルタル吹き付け塗装仕上げです。新築から15年程度経った頃、建てた工務店さんに依頼して外壁と屋根の塗り替えを実施しました。塗り替えから半年ほどした大雨の日に、2階の天井から雨漏りが発生しました。すぐに工務店さんに連絡して屋根を見てもらいましたが、特に不具合はないとのこと。とりあえず様子をみることになりましたが、しばらく経った大雨の日、再び2階の天井から雨漏りしました。あらためて工務店さんに連絡し、今度は屋根の塗り替えを担当した塗装職人さんにも一緒に見てもらいました。しかし、やはり屋根に目立った不具合はないとのこと。雨漏りの量がそれほど多くなかったこともあり、もう少し様子をみることになりました。

　しかし、またしても次の大雨の日に雨漏りが発生。さすがに、これは屋

根に何かしらの不具合があるのではないか、もしかしたら屋根の塗り替えに原因があるのではないか、と工務店さんに強く抗議をしたのです。それに対する工務店さんの見解は、「スレート屋根を塗り替えしたばかりなのに雨漏りが起きるということは、もはや屋根そのものの寿命なので、葺き替えをしなければ雨漏りは止まらない」とのことでした。

　屋根の寿命を伸ばすと説明されて塗り替えをしたのに、逆に大雨のたびに雨漏りが起きるようになってしまったのです。大きく落胆するとともに、どうしても納得することができず、雨漏り110番に相談してこられたのです。塗り替え工事から既に6年が経過していました。

　相談を受け、早速お伺いして屋根の状態を確認すると、すぐに雨漏りの原因と思われる部分に気づきました。スレート瓦の重なり部分が、塗り替えの際の塗料で詰まってしまっていたのです。

図100　スレート屋根重なり部分の塗料詰まり

　工務店さんの説明では、屋根には不具合がなかったとのことですが、スレート瓦の重なり部分が塗料で詰まってしまっているこの状態は、まさに不具合そのものと言えます。本来、このスレート瓦の重なり部分には適切な隙間が確保されていなければいけません。台風や大雨の際にスレート瓦の裏側に雨水が浸入する場合がありますが、スレート瓦の裏側に雨水が浸入したとしても、スレート瓦の下にはアスファルトルーフィングなどの防

水シートが張ってあるため雨漏りすることはありません。しかし、この事例のようにスレート瓦の重なり部分を塗料で塞いでしまうと、スレート瓦の裏側に浸入した雨水が逃げ場を失ってしまうのです。逃げ場を失った雨水は、スレート瓦を止めている釘の貫通部などを伝って屋根裏にまわりこみ、雨漏りを起こしてしまうのです。したがって、スレート瓦屋根を塗り替える際は、塗装が乾いたあと、皮スキと呼ばれる金ベラ状の道具やカッターナイフなどを使って、重なり部分に詰まった塗料を切る「縁切り」と言われる作業が重要になります。この「縁切り」作業が不十分な場合、しばしば雨漏りが起きることは、外装メンテナンス業界ではもはや常識と言えますが、残念ながらそれを知らない工務店や塗装業者がいまだに存在するのが現実です。昨今では、スレート瓦塗り替えの際の縁切り不足を補い、スレート瓦の裏側にまわった雨水をスムーズに排出するために開発された縁切り専用部材も広く使われています。

図101　縁切り専用部材を挿入

　結論から言えば、今回の雨漏りはスレート瓦屋根を塗り替えた際に「縁切り」作業をしなかったために起きたわけです。スレート瓦を保護し、その寿命を伸ばすために実施したメンテナンス工事が、逆に雨漏りを発生させていたという残念な結果を招いてしまったのです。塗り替え工事を請け負った工務店さんと塗装職人さんが、そろって正しい知識を持っていな

かったことが最大の問題であり、プロとしてたいへん恥ずかしいことだと思います。しかし、実際にそういう業者さんがいるのが現実なのです。自分の身を守るためにも、この事例のようにメンテナンスしたことが、逆に建物に害をもたらすケースがあることを知っておきましょう。

解決策：スレート屋根を塗装したら
　　　　縁切りすること。

飛び込みセールスの言うままに
瓦屋根の補強をしたら家中が雨漏り

　木造住宅における代表的な屋根材に和瓦があります。近年の建物においては、スレート瓦（コロニアルやカラーベスト）や金属系の屋根材が多く採用されていますが、和瓦の屋根には、木造住宅に欠かせない通気性という優れた特性があります。また、昨今、地震などで瓦が崩れている映像を多く見ますが、瓦自体は基本的に釘などで固定していません。そのため、地震で建物が大きく揺れると動いてしまうわけですが、逆に言えば、固定していないからこそ、傷んだ部分、割れた部分だけを1枚単位で交換することができます。これはスレート屋根や金属屋根にはない優れた面です。

　さらに和瓦は無機系の材料ですので、たいへん「もち」が良い（耐候性が高い）です。基本的に塗り替えは不要ですので、メンテナンスといえば棟の漆喰を補強したり、あるいは棟をばらばらにして組み直す「取り直し」が必要なぐらいです。比較的ランニングコストがかからない屋根材と言えます。

　和瓦は波型の形が重なり合っていますが、この波型の形と重なり部分から瓦の裏側にまわった雨水を排出しています。ですので瓦同士に隙間があるのが当然です。大雨や台風などの際に、この隙間から瓦の裏に雨水が入り込みますが、瓦の下に張ってあるアスファルトルーフィングという防水シートが雨漏りを防いでいます。この仕組はスレート瓦屋根と同じです。

　この和瓦の建物を狙って営業する悪徳セールスマンが存在します。和瓦の少しのズレなどを強調して「このままだと雨漏りします」とか「いずれ瓦がずれて落ちます」などと言ったセールストークでお客様の不安をあおります。言葉巧みに「点検しましょう」と言い、ハシゴを使って屋根に登

ると、お客様の目の届かないところで、自分で瓦をずらしたり割ったりして、その写真を撮ってお客様に見せるのです。実際に瓦がズレたり割れている写真をいきなり見せられて動揺しているお客様に畳み掛けます。

「瓦の隙間を埋めて補強すれば、瓦のズレや割れを防ぎ、雨漏りの予防にもなりますよ」

自分では屋根に登って確認することができないため、そのまま悪徳セールスマンの言いなりで補強工事をすることになりました。

その補強工事も無事に終わり、しばらくは何もなく過ごされていました。ところが、補強工事をしたことすらすっかり忘れた頃にやってきた台風で雨漏りが発生したのです。今まで全く雨漏りしたことがなかったので、屋根の補強工事に何かしら問題があったのではないかと考え、施工業者に連絡しました。「担当者がいないのであとで折り返します」という返事です。しかし、待てど暮らせど連絡はありません。幸い台風による大雨は短時間でやみ、雨漏りは止まりましたが、施工業者からは全く連絡がありません。その後も数回に渡って連絡しましたが「忙しい」とか「担当がいない」など、一向に対応してくれる気配はありませんでした。そんな八方塞がりの状況で雨漏り110番にご相談いただきました。

早速屋根に登って確認してみると、瓦の隙間、棟の隙間など、ありとあらゆる隙間にシーリング材が充填されていました。補強工事とは瓦の隙間にシーリング材を充填する工事のことだったのです。これでは雨漏りが起きるもの当然です。せっかくの和瓦の特性である通気性もなくなってしまいます。補強工事と称して、あらゆる隙間にシーリング材を充填してありますが、広い屋根において全ての隙間を完璧にシーリング材で充填することは簡単ではありません。シーリング材だけで完全に雨水の浸入を防ぐことは難しいのです。見逃した小さな隙間から雨水が浸入してしまいます。また、仮に全ての隙間を完璧に埋めることができたとしても、シーリング材はいずれ劣化して剥離します。そうなればその部分から雨水が浸入することになります。つまり、遅かれ早かれ瓦の裏側に雨水が浸入するのは確

実なのです。通常の弱い雨であれば大丈夫でも、台風などの強風と強い雨では、ちょっとした小さな隙間やシーリング材が剥離した部分から雨水が浸入してしまいます。その浸入した雨水の抜け道が補強のためのシーリング材で塞がっているため、逃げ場をなくした雨水によって雨漏りが起きてしまったのです。

　建物には塞ぐべき隙間と、塞いではいけない隙間があります。むやみに隙間を埋めることは雨漏りにつながるリスクがあるのです。また今回の事例のように、見ず知らずの営業マンを簡単に屋根に登らせてはいけません。屋根に登る許可を与えるのは信頼できる業者だけにしましょう。また、無料の屋根点検や床下点検などを利用してお客様を騙そうとする悪徳業者も少なくありません。彼らは自分で瓦をズラしたり割ったりします。床下点検で撮ってきたシロアリの写真をお客様に見せますが、それは他の建物で撮った写真という手口もあるようです。「近所で工事しています」などと言って声をかけてくるケースが多いようなので注意してください。

解決策：瓦の隙間を塞いだら
　　　　雨水の逃げ道がなくなるので要注意。

カバー工法で屋根を葺いたら
大雨のたびに雨漏りするようになった

　屋根のカバー工法とは、既存の屋根材（スレート瓦や金属系屋根材など）を撤去せず、その上に新しい屋根材をかぶせて葺く改修工法のことです。重ね葺きとも言います。新しい屋根材は薄くて軽いことが求められますので、多くは金属系屋根材が使われます（アスファルトシングル材が使われる場合もあります）。近年、ガルバリウム（アルミ・亜鉛の合金メッキ）鋼板が主流となって防錆性能がアップし、表面コーティング技術も進歩したことから、耐久性も高くなっています。それにともない、屋根のリフォームにおいて金属系屋根材を用いることが多くなってきました。その中でも、カバー工法は、既存屋根材を残すので撤去費用と処分費用を抑えることができます。また、古いスレート屋根材の中には発がん性のあるアスベストが含有されている可能性があり、撤去の際の飛散リスクがあること、処分が難しいことなどから、屋根の改修工事においてはカバー工法が主流になりつつあります。

　そんな中、今まで雨漏りしていなかったにも関わらず、カバー工法で屋根を葺いたら雨漏りするようになったケースは少なくありません。その原因としてよく言われているのが、施工した職人の知識・技量不足と、工法選定のミスです。しかし、カバー工法の問題点は、そういった施工面だけにとどまるものではありません。そもそもの工法として、構造的に雨漏りを誘発してしまう可能性があるのです。

　ここで、屋根の基本的な仕組みについて触れておきます。木造建物の屋根は、屋根仕上げ材だけによる完全防水ではありません。基本的には①屋根仕上げ材で雨を浸入させない仕組みを施し、②万一雨水が仕上げ材の下

に浸入した際には、速やかに外部へ排出できる仕組みが施されています。この2段階が1セットとなって雨漏りを防いでいるのです。

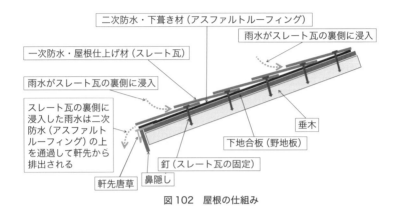

図102　屋根の仕組み

　瓦や板金などの屋根仕上げ材が「一次防水」で、下葺き材のアスファルトルーフィング等が「二次防水」という考え方です。二次防水のアスファルトルーフィングの上を雨水が流れる可能性がありますが、それは正常なのです。ようするに二次防水が機能しているかどうかが雨漏りに深くかかわってくるのです。

　カバー工法が構造的に雨漏りを誘発する可能性として、下地の腐朽を確認することができない工法であるという点があります。カバー工法の一般的な施工手順は、既存のスレート瓦材などの上に粘着層付きのアスファルトルーフィングシートを張り付け、その上に金属系屋根材を葺きます。金属系屋根材は釘やビスで固定しますが、既存屋根仕上げ材の下地である板（野地板）に対して打ち込みます。もし野地板が腐朽していれば、釘やビスが効かないため、留め付け強度が低下します。その結果、新規にかぶせた屋根材が動き、アスファルトルーフィングシートが切れてしまうなどの事故が起きる場合があるのです。野地板が腐朽しているかどうかは、瓦材をはがしてみないとわかりません。既存の屋根は、野地板・アスファルトルーフィング、スレート瓦がすき間なく密着しているため、10年も経過

すれば、程度の差こそあれ、野地板に何らかの腐朽が発生します。したがって、カバー工法は、不確定要素が大きい施工法なのです。

　さらに、屋根カバー工法には最大の欠点があります。この欠点は、下屋根（母屋から差し出してつくられた屋根）や庇など、屋根の上に外壁が乗っているような部位でのみ起こります。

図103　下屋根の雨押さえ板金

　上の写真は下屋根の雨押さえ板金です。サイディングボード張り仕上げの外壁では、下屋根の雨押さえ板金の上部に隙間があります。この隙間はサイディングボードと構造合板との間の通気層であり、雨水がサイディングを越えて浸入した際の出口でもあります。

図104　カバー工法施工後

図 104 の写真はカバー工法による工事完了後の写真です。工事によって新規の雨押えが取り付けられています。工事前は、サイディングの裏にまわった雨水が、雨押さえとサイディングの隙間から排出され、屋根材の上を流れて軒樋へと適切に処理されていました。しかし、工事後の納まりでは、サイディングの裏側に入り込んだ雨水が、新規に張られたアスファルトルーフィングと新規に葺かれた屋根材との間に入り込むことになります。新規アスファルトルーフィングがあるので、ダイレクトに雨漏りすることはありませんが、雨水が軒樋に到達するまでのスピードが圧倒的に遅くなってしまいます。万一排出が追い付かなくなってしまうほどの雨水がサイディングの裏側に浸入した場合は、水切り板金の立ち上がりを越えて雨水が室内にあふれ出してしまう可能性があります。

　しかし、上の写真のようなカバー工法による納まりは、決して間違ってはいないのです。実際に、屋根材メーカーの施工仕様書でも、写真のような納まりで施工するように指示されています。施工者の知識不足・技量不足ではないのです。これが、この工法の構造的な問題なのです。

解決策：大切なのは外壁との取り合い部の処置と
　　　　アスファルトルーフィングなどの二次防水。

Case 4 [木造編]

窓の隙間をシーリングで塞いだら
雨漏りが悪化してしまった

　窓の上枠から雨漏りしている事例は、たいへん多いです。サッシと木枠の間や、サッシを留めているビス穴から雨水が浸出してくるパターンなどです。このタイプの雨漏りが起こったときに、まず疑ってしまうのが外側のサッシ枠の上面です。そこにすき間があったらシーリングで埋めてしまいたくなるのが人間の心理でしょう。しかし、サッシ枠の上面を塞いでしまうと、かえって雨漏りが悪化してしまうこともあるのです。

　今回の事例で紹介する建物は、外壁がモルタル下地、磁器タイル張り仕上げの木造住宅です。いわゆる湿式工法で通気層はありません。建築した業者が、雨漏りを止めるために写真の位置にシーリングを施したところ、さらに雨漏りがひどくなってしまいました。

図105　窓枠上部にシーリングが打たれている

この雨漏りのメカニズムは、下の図解の通りです。

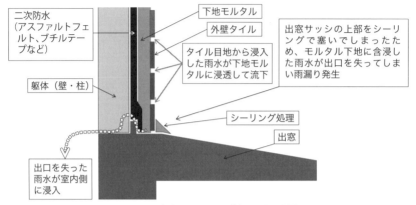

二次防水
（アスファルトフェルト、ブチルテープなど）

下地モルタル

外壁タイル

タイル目地から浸入した雨水が下地モルタルに浸透して流下

出窓サッシの上部をシーリングで塞いでしまったため、モルタル下地に含浸した雨水が出口を失ってしまい雨漏り発生

躯体（壁・柱）

シーリング処理

出窓

出口を失った雨水が室内側に浸入

図106　窓上のシーリング材で雨漏りを誘発

　磁器タイル自体は水を通しませんが、目地モルタルは水を吸います。雨が降ると目地モルタルから浸透した雨水がタイル裏の下地モルタルへ到達します。下地モルタルまで到達した雨水は、二次防水であるアスファルトフェルトの表面を伝い、窓枠の上まで流下します。本来であればサッシ上部まで到達した雨水は、サッシ上の目地モルタルから外部へと排出されます。つまり、サッシ上部が雨水の排出口となっているのです。しかし、今回の事例では、そのサッシ上部にシーリング材を充填してしまったため、雨水が逃げ場を失い、結果的に雨漏りを起こしてしまったのです。

　この事例においても、塞いではいけない隙間を塞いだことが雨漏りの原因です。雨漏りを止めようと良かれと思ってやった工事が、かえって雨漏りを悪化させたという事例です。屋根の「縁切り」不足の事例でも、カバー工法による雨漏りの事例でも、瓦をシーリング材で補強した事例でも、全ての事例において共通するのが、雨水の出口を塞いでしまったことによる雨漏です。木造住宅においては、雨を防ぐ（＝防水）という考え方よりも、雨をコントロールする（雨仕舞い）という考え方のほうが大切なのです。まずは雨水が浸入しないようにコントロールする。万一雨水が浸入し

た場合は速やかに排出するようにコントロールする。この雨仕舞いの考え方が大切なのです。

解決策：**出口を塞いだら雨は逃げ場を失う。**

2 | 鉄骨造(S造)・鉄筋コンクリート造(RC造)編

Case 1 鉄骨造(S造)・鉄筋コンクリート造(RC造)編

屋上防水工事をしたら屋上がプール状態に

　陸屋根の防水改修工事を実施したにもかかわらず、その後の大雨で雨漏りが発生してしまった事例です。屋根に雨水が溜まってしまい満水状態になり、塔屋出入口の扉付近から雨水が室内側に流れ込んだことが原因です。過去にそのような雨漏りは一度もなかったのに、防水改修工事後に初めて発生した現象です。なぜそのようなことが起きてしまったのでしょうか？

　屋上の排水ドレン（排水口）は、陸屋根の面積から排水量を計算して、口径や数量が設計されています。しかし、目皿（ストレーナー）の目詰まりや、配管自体の閉塞などにより、設計段階において想定した排水量が下回ってしまうことも少なくありません。加えて、昨今の局所的大雨（ゲリラ豪雨など）や集中豪雨により想定雨量を超えることで、排出量が不足する可能性もあります。新築時の想定雨量を大きく超える大量の降雨は深刻な雨漏り事故につながります。

　陸屋根の防水改修工事は10年〜15年程度のサイクルで実施されることが一般的です。防水改修工事の際には排水ドレンに"改修用ドレン"を設置する工法が主流になっています。改修用ドレンとは、既存の排水ドレンの内側に取り付けるもので、仮に旧防水層に何らかの不具合があったとしても、新規防水層と改修用ドレンを一体化させることで雨漏りを防ぐ仕組みになっています。旧防水層に残ってしまった水分の排出を妨げることもありません。防水の仕様や雨漏りの有無を問わず、防水改修工事においては必須と言っても過言ではありません。

防水改修工事に必須の改修用ドレンですが、注意すべき点もあります。既存の排水口の内側に取り付けるため、排水部分の口径がサイズダウンすることになるのです。例えば、既存の口径が 100 φ の場合は 90 φ 程度に、既存の口径が 75 φ の場合は 60 φ 程度に、と小さくなってしまいます。もし元々の排水ドレンにおいて排出量に余裕がない場合、改修用ドレンを取り付けることで排出量に不足が生じ、満水による雨漏りなどの危険性が高まります。配管の閉塞を自ら造ってしまうようなものです。目皿（ストレーナー）の目詰まりの危険性も慢性的に存在しているため、既存の状態よりも防水改修工事後のほうが満水事故の可能性が高まるという残念な結果にもなりかねません。

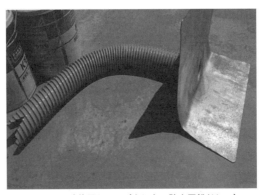

図107　改修用ドレン（ウレタン防水用鉛ドレン）

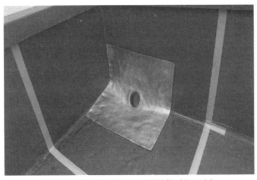

図108　改修用ドレン設置状態（施工中）

屋根の面積に対してギリギリの排出能力しかもたない排水ドレンに、改修用ドレンを取り付けることは雨漏りなどのリスクを高める可能性があるのです。しかも、ストレーナーにより雨水の流れは多少悪くなります。もし元々の排水ドレンの数自体が少なかったら危険性はさらに高まります。

　冒頭で紹介した雨漏り事故は、まさにそのような条件が重なって発生したのです。雨漏りを予防する目的で実施した防水改修工事が原因で、満水による雨漏り事故が発生してしまったのです。室内に流れ込んだ雨水によって家財などに大きな損害を与えることになってしまいました。

　この雨漏り事故にはいくつかのポイントがあります。

ポイント１：元々排水ドレンが１ヶ所しかなかった。

　排水ドレンが１ヶ所、つまり排水経路が一つしかないため、唯一の排水経路である排水ドレンに何らかの支障が生じた場合、豪雨時に排水量が追い付かず屋根がプール状になりやすい状態だったと言えます。にもかかわらず、防水改修工事の際に改修用ドレンを設置したことで、排水機能（排水量）の低下を招いてしまい、今まで以上に満水状況に陥りやすくなってしまったのです。

ポイント２：出入口の段差（立上り）が小さく、もともと
　　　　　　陸屋根の貯水能力（貯水許容量）が少なかった。

　塔屋出入り口の段差（立上り）が低く、もともと陸屋根に雨水が溜まった場合の貯水許容量が少ない状態でした。つまり排水不良による満水状態が雨漏りにつながりやすい建物だと言えます。昨今はバリアフリーを考慮した設計が多くなり、バルコニーや屋上への出入り口などの立上りが低い建物が増えています。バリアフリーの思想も大切ですが、雨漏りのリスクが低い設計も大切です。バルコニーや屋上への出入り口などの開口部の立

上りの段差は、万一のことを考えると高いほうが安全だと言えます。

対処方法1：排水口のまめな点検と掃除

　木の葉や土砂などが排水ドレンの廻りに堆積して、排水機能の障害にならないよう、こまめな点検と掃除が大切です。今回の雨漏りは、もし排水ドレンの掃除が行き届いていれば防げた可能性が高いと考えられます。

図109　排水ドレンまわりの土砂堆積

対処方法2：排水経路を増やす。

　唯一の排水経路である排水ドレンが目詰まりなどで機能しなくなった場合を想定し「オーバーフロー管」を新設することが有効です。雨水が室内側に浸入しないようにすることが目的なので、出入口扉の下枠よりも低い位置に設置する必要があります。

図110　オーバーフロー管の設置状況

解決策：**防水工事の際は雨水排出量を計算する。**

Case 2 鉄骨造(S造)・鉄筋コンクリート造(RC造)編

屋上防水工事をしたら、あちこちで膨れが発生した

　鉄骨造（S造）のメンテナンスといえば、防水、シーリング、外壁塗装の三つが中心となります。極端に言えば、この三つがしっかり機能していれば建物最大のリスクである雨漏りを防ぐことができるのです。細かくは貫通部や取り合い、外壁の割れなど、他にも雨漏りの原因となる要素はありますが、それらも全てシーリングと塗装、防水でしっかり保護していれば雨漏りは防げるのです。

　鉄骨造（S造）は木造住宅と違い、基本的に外壁の内側に二次防水がありませんので、いわゆる一次防水となる表面で止水するしかありません。したがって、防水、シーリング、外壁塗装が非常に重要であり、この三つのメンテナンスこそ建物を守ることにつながるのです。

　そんな重要なメンテナンスの一つ、屋上防水改修工事における失敗事例をご紹介します。

　鉄骨造（S造）3階建て、築年数25年、改修工事履歴としては築15年時に1回という物件です。縁あってオーナー様をご紹介いただき、2回目の改修工事は弊社にて施工させていただくことになりました。屋上へアクセスする方法がなく、事前に屋上の様子を見ることが出来ませんでした。お客様によると前回の改修工事の際には屋上防水工事も施工したとのことですが、現在の状態を確認することができなければ工事の提案はできません。苦肉の策として、改修工事に着工して足場を架けてから屋上の状態を確認することになりました。

　足場架設後に屋上の状態を確認すると、次の写真のように既存のウレタン防水層に多数の浮きや膨れが発生していました。また、脱気筒も設置さ

れておらず、伸縮目地（成形目地）も撤去していないままウレタン防水が施工されていました。

図111　ウレタン防水の膨れ

　膨れて浮いているウレタン塗膜の一部をはがしたところ「押さえコンクリート」が確認できました。押さえコンクリートが施工されているということは、その下に防水層があるということです。押さえコンクリートは、その下にある防水層を保護するためのものだからです。押さえコンクリートには「伸縮目地」あるいは「亀裂誘発目地」という、建物の動きでコンクリートに亀裂が発生しないよう予め意図的に作った目地があります。既存の防水層と押さえコンクリートとの間には雨水が滞留しており、押さえコンクリートそのものも水分を含有しています。

　このように多量の水分を含んだコンクリートの上にウレタン塗膜防水を施工すれば、ウレタン塗膜の蓋で水分を閉じ込めることになってしまいます。ウレタン塗膜で蓋をされた屋上が、太陽光に照らされて熱を浴びるとコンクリートの温度が上昇します。温度が上昇すると滞留水やコンクリート内に含まれる水分は水蒸気となって膨張します。防水改修工事をする前であれば、湿気や水蒸気はコンクリート表面から放出していたはずです。しかし、蓋をされてしまったため逃げ場がなくなり、蓋であるウレタン塗膜を突き上げ（押し上げ）てしまうのです。これがウレタン塗膜防水の膨

れのメカニズムです。膨れは、最終的にはウレタン塗膜を破断させ、防水層としての役目を果たさなくなってしまいます。

このトラブルを防ぐためには防水改修工事の工法（仕様）の選択が重要になります。今回の事例では、ウレタン塗膜防水の「密着工法」で施工されていました。これは施工面である押さえコンクリートの表面に、直接ウレタン防水塗膜を密着させる工法です。この密着工法では下から突き上げてくる水蒸気を逃がすことが出来ません。密着工法の中には、伸縮目地に脱気筒（水蒸気を逃がす筒状の部材）を取り付ける「目地脱気」という工法もありますが、全ての水蒸気を排出することはできず、ウレタン塗膜の膨れを抑制できません。

今回の物件のように比較的広い面積の陸屋根の場合には、密着工法ではなく「通気緩衝工法」という工法（仕様）を採用するのが一般的です。通気緩衝工法では、押さえコンクリートの表面に通気緩衝シートを張って通気層を設けます。この通気緩衝シートがコンクリートからの水蒸気を吸収し、設置された脱気筒から放出します。この仕様であれば今回のようなウレタン塗膜の膨れが発生することを防ぐことができます。

費用的にはウレタン密着工法のほうが安価です。しかし、今回の事例のように膨れが発生してしまうと、次の防水施工の際に、既存のウレタン塗

図112　既存ウレタン塗膜の撤去作業中

膜を撤去する必要が生じるため、結果的に高くつくことになりかねません
ので、長期的な視野で検討することが大切です。

　既存のウレタン塗膜を撤去したうえで下地処理をし、通気緩衝シートを
張り付けます。この通気緩衝シートは前述のように湿気や水分を逃がす役
割がありますが、下地（押さえコンクリート）の動きの影響を受けにくく
する（緩衝する）役割も担っています。そのような役割から、通気緩衝工
法のことを絶縁工法という場合もあります。

図113　通気緩衝シートを施工中

図114　ウレタン防水通気緩衝工法施工後

解決策：**面積が広い陸屋根には通気緩衝工法が
適している。**

ベランダ防水工事をしたら、
かえって雨漏りが発生してしまった

　軽量鉄骨造の住宅でベランダ防水工事をした結果、以前はなかった雨漏りが発生してしまいました。何が原因だったのでしょうか？

　ベランダ防水工事をするまで雨漏りしたことはありませんでしたので、防水工事に何らかの原因があって雨漏りが発生してしまった可能性があります。雨漏りが発生しないよう雨漏り予防を目的に施工した防水工事によって逆に雨漏りが起きたとすれば本末転倒です。

　雨漏り調査（散水による雨漏り再現調査）の結果、ベランダの巾木（立上り）部分に雨漏りの原因である雨水浸入位置がありました。巾木とは住宅の室内においては、床面に接する壁の下部に取り付ける部材のことを言います。装飾や汚れやすい壁下部の保護などが目的です。鉄骨造において、外壁の外装部材とベランダ床面の防水との取り合い（接地部分）を、モルタル巾木で仕上げるケースがあります。鉄骨造や RC 造の建物の場合は、木造のような二次防水の概念がないため、一次防水である外装表面から雨水が浸入した場合、雨漏りに直結してしまいます。一次防水である外装パネルのクラックや目地シーリングの劣化部分などから雨水が浸入した場合、その浸入した雨水はパネルの裏側を下方に流下していきます。流下した雨水が自然に排出される仕組みであれば問題はありません。しかし、排出されない場合は、行き場を失った雨水が室内側に浸入し、雨漏りを発生させることになるのです。

　今回の雨漏りは、ベランダ防水工事の際に、巾木部分までウレタン塗膜防水を施工したことで、結果的に外壁の裏側に浸入した雨水の出口を塞いでしまったことが原因です。鉄骨造や RC 造の建物において、ベランダ防

水工事によって今までなかった雨漏りが発生した場合、今回のように防水工事によって雨水の出口を塞いでしまったというケースが少なくありません。特に立上り部分が巾木の形状になっている場合に多くみられる現象ですので注意が必要です。対策として、巾木の上部に水切り部材などを設置することで、雨漏りのリスクを低減する工夫などがあります。

図115　ベランダ巾木部分の断面

図116　ベランダ巾木上部に水切り設置

解決策：ベランダに巾木がある場合には、巾木の上部を
　　　　必ず止水すること。

Case 4　鉄骨造(S造)・鉄筋コンクリート造(RC造)編

塗装業者からメンテナンスフリーと勧められて ALC外壁に石材調塗装を施工したら 逆にメンテナンスムリー(無理)になってしまった

　ALCパネルの外壁は、ジョイント部分（パネルとパネルの間）の目地にシーリング材を充填することによって雨水の浸入を防いでいます。目地に充填されているシーリング材は、経年によって、次第に柔軟性がなくなり、劣化が進むと破断や剥離が発生します。ALCパネル目地のシーリング材の破断・剥離は、構造上雨漏りに直結するため、目地のシーリング材は定期的に更新する必要があります。

　外壁塗装工事で使用される塗料の中に、石材調仕上げ塗材と呼ばれるものがあります。樹脂に着色した陶磁器質の骨材（模様を出すために用いられる砂や砂利状のもの）や粉砕した天然石などを加えた塗料です。均一に模様をつけるため吹付ガンを用いて吹き付け塗装するのが一般的です。火山岩の断面のようなゴツゴツとした仕上がりで、骨材や天然石を含有しているため、一般的な塗装に比べてたいへん厚い塗膜になります。

図117　石材調塗膜

塗装業者によっては、この石材調仕上げ塗材による塗装工事を、メンテナンスフリーであると勧めるケースがあります。メンテナンスフリーである理由としては、塗膜が硬化する過程で骨材や天然石が連続的に接することによって、塗膜の色を形成する部分が無機系となり、色あせなどが起こりにくくなるからでしょう。また、通常の塗料のように完全に造膜することなく、砂利がつながりあったような状態で仕上がるため、ひび割れが目立ちにくくなります。ようするに見た目の印象だけでメンテナンスフリーと言ってしまっているのです。百歩譲って、もし塗料メーカーがメンテナンスフリーと言っているのであればまだ理解できます。塗料メーカーが責任を負うのは、自らが製造・販売している塗料の性能・性質に対してだけだからです。しかし、塗装工事をする工事業者の立場で言ってしまうのは大きな問題があります。依頼主にとってのメンテナンスフリーは、塗膜の性能や性質に対してだけではありません。依頼主にとってのメンテナンスフリーは外壁のメンテナンスそのものに対してだからです。

　この石材調仕上げ塗材をALCパネルの外壁面に施工することは大きな問題があります。石材調仕上げ塗材の厚い塗膜によって、ALCパネル目地が完全に隠れてしまうからです。前述したようにALCパネル目地のシーリング材の破断・剥離は、構造上雨漏りに直結するため、目地のシーリング材は定期的に更新する必要があります。しかし、石材調仕上げ塗材の厚い塗膜によって目地シーリング部分が完全に隠れてしまっているので、劣化状況を確認する方法すらありません。建物の形状やALCパネルの寸法を元に、おおよその目地の位置を予測することはできますが、正確な目地の位置はわかりません。既存のシーリングを撤去する際に用いるカッターなども、厚い骨材の層に阻まれなかなかシーリングまで届きません。どうにかシーリング材まで到達したとしても、石のようになっている表面ごと切断しなければなりません。カッターの刃が、それこそ歯が立たない状態になるのは想像に難くありません。また、こういった工事を平気で行うようなレベルの低い工事業者の多くは、塗装前にシーリング材の更新を行い

ません。劣化したシーリングの上から塗装するのです。石材調の塗膜は「塗膜」といいながら、完全な塗膜を形成するわけではなく、砂利が重なりあったような組成ですので雨水は浸透します。つまり、石材調仕上げ塗材の厚い塗膜によって隠れた下地のシーリングが破断すれば、雨漏りに直結してしまう恐れがあるのです。

　少し話がそれますが、例えば、ステンレス製の部材など、半永久的にメンテナンスが不要な建材は存在します。しかし、トラブルが起きるのは、たいていの場合、建材そのものからではなく、建材と建材の接合部、いわゆる「取り合い」で起こるのです。つまり、建築物が異種の建材の集合体である以上、メンテナンスが不要になることはありえないのです。このことは、建築やリフォームに携わる全ての人、あるいはリフォームを考えている全てのユーザーに、ぜひ心に留めていただきたいと思います。

解決策：ALC パネル外壁には石材調仕上げ塗材を
　　　　採用しない。

Case 5 　鉄骨造（S造）・鉄筋コンクリート造（RC造）編

外壁工事の際、斜壁のタイルを 既存のまま残したら雨漏りが発生

　鉄筋コンクリート造（RC造）は、その構造体である鉄筋コンクリート自体が非常に強く、止水性も高いとされています。とは言え、外壁の塗装やタイル、打継目地のシーリング、屋上防水など仕上げ面のメンテナンスは必要です。また、地震や鉄筋コンクリート自体の収縮などによって発生するひび割れも、そのまま放置すると雨水等が染み込み、鉄筋コンクリート自体を劣化させてしまいます。鉄筋コンクリート造（RC造）においても、建物を維持する観点から、定期的なメンテナンスが非常に重要となっています。

　そんな鉄筋コンクリート造の建物における雨漏りの事例です。

　築22年、鉄筋コンクリート造5階建て、タイル外壁の建物です。過去に大規模修繕工事を1回施工されており、外壁タイルの浮き補修、サッシまわりや打継目地シーリングの打ち替え、タイル外壁を薬品洗浄して撥水材の塗布などを施工したとのことです。その大規模修繕工事が終わってから5年程度経過した頃に雨漏りが発生しました。

　現場を確認させていただくと、窓サッシの上部から雨が落ちてくるとのことでした。早速サッシの上の外壁を確認すると、サッシから1mほど上までは垂直な外壁で、さらにその上は斜壁（斜めの壁）となっていました。大規模修繕工事の際に、この斜壁にはどのような工事をされたのかを確認したところ、その他の外壁面と同じ仕様とのことでした。タイルの浮きや割れも少なく、雨漏りしているわけではなかったので、他のタイル外壁面と同様に、薬品洗浄して撥水材を塗布しただけだったとのことでした。

　斜壁を目視及び触診にて確認したところ、タイル目地が傷んで痩せてし

まっています。また割れなどもありました。

図118　斜壁タイル仕上げ

　上の写真は漏水しているサッシの上にある斜壁です。陸屋根部分には
しっかり防水工事が施工されていますが、斜壁側には笠木部分も含めて防
水を施している様子はありません。

　雨漏り調査（散水による雨漏り再現調査）を実施して、雨水浸入位置を
特定することになりました。鉄筋コンクリート造（RC造）の建物におけ
る散水調査では、被疑箇所1ヶ所あたりに2時間程度の散水を実施します。
したがって1日に散水できる場所も限られてしまいますが、散水調査を
しないままやみくもに修理をしてしまうと「せっかく修理したのに雨漏り
が止まらない」という状況に陥りかねません。事前の調査によって雨水浸
入位置を特定することで、初めて修理すべき場所、修理する方法を考える
ことができるのです。また、事前の散水調査で漏水を再現しておけば、修
理が終わったあとで、雨漏りが止まっているかどうかの確認をすることも
可能となります。

　今回の物件では、タイル仕上げの斜壁への約1時間40分の散水によっ
てサッシ上からの雨漏りを再現しました。斜壁以外の場所にも散水しまし
たが、漏水することはありませんでした。この調査結果から、今回の雨漏
りは斜壁が雨水浸入位置であるという結論に至りました。

雨漏りのメカニズムは次のようになります。

①斜壁のタイル目地やタイルの割れから雨水がタイル裏にまわる。

②鉄筋コンクリートに浸透した雨水が下がっていく。

③流下してきた浸透水をサッシが受けて漏水する。

実は、RC 造において斜壁が原因の雨漏りは決して少なくありません。そのため近年では「斜壁は【壁】ではなく【屋根】である」という考え方が主流になっています。具体的にはアスファルトシングル葺き、またはシート防水や塗膜防水を施工することが一般的になっています。

> 解決策：斜壁は屋根だと考えて処置すること。

Case 6　鉄骨造（S造）・鉄筋コンクリート造（RC造）編

今まで雨漏りしていなかったのに、屋上防水工事をしたら雨漏りした

　築20年、RC造、屋上は陸屋根でアスファルト防水コンクリート押え仕様の建物において発生した雨漏りの事例です。そもそもは雨漏りなどの問題は何もなかったのですが、見た目の状態がだいぶ傷んでおり、さすがにそろそろ防水層も劣化しているだろうということで防水工事を実施することになりました。屋上の外周にはパラペットと呼ばれる立上りがあり、アゴと呼ばれる突起によって防水の端末に雨が掛かるのを防いでいます。立上り部分は押えブロックで保護されており、仕上げはモルタル塗りでした。

　防水仕様はウレタン塗膜防水の通気緩衝工法としました。排水ドレンには改修用ドレンを取り付けます。滞留水分が熱射によって水蒸気化することで発生する防水層の膨れに対応するため、平場（平面）には通気緩衝シートを使用し、脱気筒により水蒸気などを排出させる仕様です。今回は陸屋根部分の防水工事のみであるため、外部足場などは設置せず屋根上からの作業となりました。

　防水改修工事完了から2ヶ月後、最上階の天井付近から雨漏りが発生したとの連絡が入りました。防水工事をする前は雨漏りなど一切なかったにもかかわらずです。しかし、防水とは別の何かが原因だろうと思いました。なぜなら施工した防水工事には万全を期しており、絶対の自信があったからです。すぐに現地に赴き屋上の状況を確認しました。やはり今回施工したウレタン塗膜防水には全く不審なところはありません。とは言え、最上階の天井付近には給水管や排水管は存在していないので、配管からの漏水などの可能性は考えられません。電気系統の配管も近くにはありませ

ん。そうなるとやはり陸屋根に何らかの問題があることになります。

　原因を特定すべく散水調査を実施したところ、意外な原因がわかりました。今回の防水改修工事では、パラペット部分もモルタル笠木の天端まで全てウレタン塗膜防水にて施工していました。実は、その一部に雨水の出口があったのです。天端から全てをウレタン塗膜で防水したことで、その出口を塞いでしまっていたのです。その結果、逃げ場を失った雨水が立上りの内部空間に溜まってしまい、オーバーフローして防水層の裏側に流れ込み雨漏りになったというメカニズムです。屋上防水そのものは完璧な施工だったものの、結果的に外壁側から浸入した雨水の出口を塞いでしまったわけです。

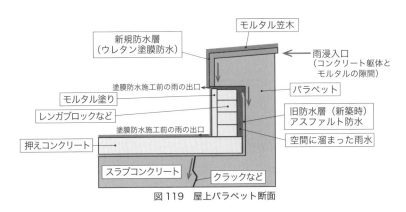

図119　屋上パラペット断面

　調査結果にもとづいて外壁側の雨水浸入位置の防水処理をしました。その後、雨漏りの連絡はありません。建物の形状は雑多であるため、固定観念で作業を行うと思わぬ落とし穴に嵌ることがあります。防水とは水を防ぐこと、意図せず水の逃げ場まで塞ぐことがあるので注意が必要です。

解決策：防水とは水を防ぐこと、意図せず水の逃げ場まで
　　　　塞ぐ場合があるので要注意。

おわりに

　本書の着想を得たのは 2018 年 2 月 14 日でした。前著『雨漏り事件簿　原因調査と対策のポイント』の編集者である岩崎健一郎氏とのディスカッションにおいて基本的なコンセプトが生まれました。一緒に京都駅に向かって歩きながら、「自分が持っている経験や知識を活かして、もっと世の中に貢献する本を書けないだろうか」と話し合う中で、我々のような建物のプロにとっては常識でも、一般的にはあまり知られていない「建物を長持ちさせるノウハウや対処方法」があることに気づきました。そして、そのノウハウや対処方法を、一般のエンドユーザーにわかりやすく伝えることの意義は大きいのではないかと思い至ったのです。

　広い意味での建物メンテナンスに関する類書は、過去にも数多く出版されています。しかし、建物の寿命に大きく影響する「屋根・外壁メンテナンス」の重要性や、そのポイントについて、一般エンドユーザー向けにわかりやすく書かれた本を書店で目にしたことがありません。でも、そのような本を必要としている人は決して少なくないはずです。

　そこから本書の企画作りが始まりました。何度も試行錯誤を繰り返し、少しずつ方向性が定まり、1 年ほどかけてようやく基本的なコンセプトがまとまりました。そのコンセプトがそのまま本書の書名となったのです。「雨漏りのプロが教える　屋根・外壁のメンテナンス」という書名の通り、雨漏りのプロだからこそ語れる「屋根・外壁メンテナンスの重要性」があります。雨漏りのプロだからこそ語れる「屋根・外壁メンテナンスで失敗しないための心構え、ポイントや対処方法など」のノウハウもあります。

　そのようなプロとしての実務から得た知識や経験を、一般エンドユーザーにわかりやすく伝えることに重きを置きました。住宅のメンテナンスをご検討中の方、将来的なメンテナンスのために知識を備えておきたい方、あるいは今現在既に進行中の工事内容に不安や不信感を持っている方、そ

のような皆様のお役に立てる内容になっていると自負しています。本書を
お読みいただくことで、屋根・外壁のメンテナンスでの失敗を防ぐことが
できるはずです。皆様が、良い工事業者さんを選び、より良いメンテナン
スを実現し、皆様の大切な建物が長持ちすることを心より願っております。

　本書の執筆においては、前著『雨漏り事件簿　原因調査と対策のポイン
ト』と同様に、雨漏り110番グループの仲間に力を借りることにしました。
私（唐鎌謙二）を含む4人の共著となっています。「本当に世の中に貢献
する本を作りたい」「たくさんの人に役立つ本にしたい」そのように考え
た時、自分一人だけで頑張るのではなく、信頼できる仲間たちの力を結集
するのは当然の判断でした。こうして全てを書き終えた今、正しい判断だっ
たと確信しています。

　日々の業務に追われながらも、最後まで粘り強く執筆してくれた共著者
の3人（藤田裕二氏、原田芳一氏、倉方康幸氏）には、本当に頭が下がる
思いです。この場を借りて心からの感謝を伝えたいです。自分の仕切りの
悪さによってたびたび迷惑をかけてしまったことをお詫びします。

　前著に引き続き担当して頂いた学芸出版社編集部の岩崎健一郎氏には、
本書においても多くの助言と提案をいただきました。計画通り執筆が進ま
ずご迷惑をおかけしましたが、氏の絶妙な伴走のおかげで、ようやく本書
が誕生いたしました。この場を借りて深く感謝申し上げます。

　前著に続いて本書を出版することで、自分自身の実務上の経験や知識を
世の中に還元することができます。出版を通じて多少なりとも世の中に貢
献できることに心から喜びを感じています。このような機会が得られるの
も全て雨漏り110番グループの仲間たちのおかげです。

　最後になりますが、私が心から信頼し、本当に大好きな雨漏り110番
グループの仲間たち、今この瞬間も全国で活躍している雨漏りハンターた
ちに心から感謝します。ありがとうございます。

雨漏り 110 番グループ一覧

店舗名	所在地	電話番号	運営会社
雨漏り 110 番【本部】	東京都世田谷区駒沢 1-17-11 駒沢 N・S ビル 5F	0120-355-110	日本建新株式会社
雨漏り 110 番 岩手店	岩手県奥州市水沢太日通り 2-2-10　北日本外装ビル	0120-195-110	北日本外装株式会社
雨漏り 110 番 仙台北店	宮城県宮城郡利府町花園 1-227-1	0120-97-3443	有限会社ペイントスタッフ
雨漏り 110 番 仙台店	宮城県仙台市太白区茂庭台 2-13-12	0120-195-110	セグンド株式会社
雨漏り 110 番 山形店	山形県山形市下条町 4 丁目 3-32	023-665-5997	株式会社ＩＫＥＤＡ
雨漏り 110 番 茨城北店	茨城県常陸太田市西三町 2132	0294-72-7155	株式会社ニシノ清塗工
雨漏り 110 番 栃木店	栃木県下都賀郡壬生町壬生丁 264-1	0120-032-451	田尻防水株式会社
雨漏り 110 番 上尾店	埼玉県上尾市西宮下 2-122	0120-123-215	有限会社協同防水
雨漏り 110 番 さいたま店	埼玉県さいたま市西区佐知川 159	048-620-2347	株式会社アーバンテクノ
雨漏り 110 番 さいたま南店	埼玉県さいたま市南区鹿手袋 1-23-1	0120-580-833	アレス有限会社
雨漏り 110 番 松戸店	千葉県松戸市岩瀬 609-5	0120-110-826	高松工業有限会社
雨漏り 110 番 千葉店	千葉県千葉市若葉区若松町 531-590	0120-650-406	株式会社グローイングホーム
雨漏り 110 番 館山店	千葉県館山市正木 1103-1	0120-276-729	佐々木塗装
雨漏り 110 番 田端店	東京都北区田端新町 1-1-17	0120-487-301	有限会社志村建装
雨漏り 110 番 練馬店	東京都練馬区大泉町 6-29-20-101	03-6682-6190	株式会社建水プロテクト
雨漏り 110 番 築地店	東京都中央区入船 3-4-5 平田ビル 3F	03-6280-4675	株式会社建水
雨漏り 110 番 世田谷店	東京都世田谷区駒沢 1-17-11 駒沢 N・S ビル 5F	0120-355-110	日本建新株式会社
雨漏り 110 番 品川店	東京都品川区西大井 2-17-17 アクアビル 1F	03-6417-1697	外壁塗装の清水屋
雨漏り 110 番 大田店	東京都大田区千鳥 1-13-12	0120-561-618	有限会社サンカラー
雨漏り 110 番 東久留米店	東京都東久留米市本町 4-9-2	0120-174-162	株式会社コートレックス
雨漏り 110 番 西東京店	東京都小平市花小金井 7-18-5	0120-416-315	株式会社カルテット
雨漏り 110 番 小平店	東京都小平市小川東町 1-39-4-411	0120-970-671	ヌリヨネ塗装サービス
雨漏り 110 番 調布店	東京都調布市西つつじケ丘 3-14-1	0120-114-776	株式会社大昇ビルメンテナンス
雨漏り 110 番 川崎店	神奈川県川崎市宮前区神木本町 1-9-17	0120-773-007	日本外装株式会社

店舗名	所在地	電話番号	運営会社
雨漏り110番 横浜都筑店	神奈川県横浜市都筑区茅ヶ崎南 2-5-21-102	045-877-2379	合同会社 検査雨漏り
雨漏り110番 横浜中央店	神奈川県横浜市神奈川区片倉 2-51-12	0120-02-2416	有限会社山越塗装
雨漏り110番 横浜西店	神奈川県横浜市西区北幸 2-5-17 横浜 NS ビル 2F	045-323-3051	株式会社ウィズホーム
雨漏り110番 相模原店	神奈川県相模原市南区下溝 2078-9	0120-775-388	株式会社トーシンリフォーム
雨漏り110番 藤沢店	神奈川県藤沢市湘南台 3-5-18	0120-449-639	株式会社リペイント湘南
雨漏り110番 茅ヶ崎店	神奈川県茅ヶ崎市松が丘 2-3-11	0120-959-223	有限会社ＫＩＫＵ防水
雨漏り110番 平塚店	神奈川県平塚市河内 137-1 マックスバリュ平塚河内店敷地内	0120-979-386	有限会社相馬工業
雨漏り110番 伊勢原店	神奈川県伊勢原市伊勢原 4-543-1	0120-77-7253	株式会社ビルドアート
雨漏り110番 富山店	富山県富山市草島 30-5	0800-200-9722	株式会社ナカゼ
雨漏り110番 金沢東店	石川県金沢市古府 3 丁目 129 番地 A.S ビル 1F	0800-200-9722	株式会社ナカゼ
雨漏り110番 飯田店	長野県飯田市松尾新井 5688-1	0265-23-0224	宮下板金工業有限会社
雨漏り110番 静岡店	静岡県静岡市葵区流通センター 6 番 2 号	0120-198-110	株式会社建装
雨漏り110番 名古屋北店	愛知県名古屋市北区喜惣治 1-416-1	052-908-0632	ティーエスジャパン株式会社
雨漏り110番 名古屋西店	愛知県名古屋市西区上小田井 2-341	052-508-9965	株式会社アイワ総合防水
雨漏り110番 岐阜店	岐阜県各務原市鵜沼川崎町 1-90	0120-401-981	有限会社大野塗装
雨漏り110番 寝屋川店	大阪府寝屋川市成田町 23-3	0120-411-624	有限会社成田塗装
雨漏り110番 東大阪中央店	大阪府東大阪市花園西町 1-14-11	0120-591-399	有限会社グラス・サラ
雨漏り110番 南大阪店	大阪府大阪市平野区長吉川辺 1 丁目北 2 番 23 号	0120-961-358	有限会社優工業
雨漏り110番 泉大津店	大阪府泉大津市田中町 3-10-101	0725-21-5787	株式会社カネマル
雨漏り110番 姫路店	兵庫県姫路市別所町佐土 1-59-1	079-253-9996	株式会社姫路樹脂化研
雨漏り110番 徳島店	徳島県徳島市佐古一番町 13-6	088-678-9954	株式会社ワン・ライン
雨漏り110番 熊本北店	熊本県玉名市六田 35 番地 2 号	0968-72-4035	木付板金工業株式会社
雨漏り110番 鹿児島店	鹿児島県鹿児島市田上町 4010-1	099-275-8101	有限会社さつまエスケイ

編著者：雨漏り110番グループ

2005年に設立された日本最大の雨漏り職人ネットワーク。難しい雨漏りを解決し続ける雨漏りのプロフェッショナル集団。全加盟店に雨漏りの専門家である「雨漏り診断士」(NPO法人雨漏り診断士協会認定) が在籍。監修書籍に『図解 雨漏り事件簿 原因調査と対策のポイント』(学芸出版社)。

著者

唐鎌謙二 (からかま けんじ)

雨漏り110番グループ代表、日本建新株式会社代表取締役、日本外装株式会社代表取締役、日本外装システム株式会社代表取締役、一般社団法人雨漏り保証協会理事長。著書に『自分を磨く「嫌われ仕事」の法則』(単著、経済界)、『図解 雨漏り事件簿 原因調査と対策のポイント』(共著、学芸出版社)。

藤田裕二 (ふじた ゆうじ)

株式会社建水プロテクト代表取締役、株式会社建水代表取締役、一般社団法人雨漏り保証協会理事、二級建築士、1級建築施工管理技士、既存住宅状況調査技術者。『図解 雨漏り事件簿 原因調査と対策のポイント』(学芸出版社) 雨漏り事例提供。

原田芳一 (はらだ よしかず)

株式会社リペイント湘南代表取締役、日本建新株式会社取締役、一般社団法人雨漏り保証協会専務理事、NPO法人雨漏り診断士協会理事。ペイント＆コーティングジャーナル紙「雨仕舞から塗装を考える」連載、『図解 雨漏り事件簿 原因調査と対策のポイント』(学芸出版社) 雨漏り事例提供。

倉方康幸 (くらかた やすゆき)

有限会社サンカラー代表取締役、NPO法人雨漏り診断士協会理事、東京都塗装工業協同組合認定塗装診断士、A・F・T色彩検定2級。『図解 雨漏り事件簿 原因調査と対策のポイント』(学芸出版社) 雨漏り事例提供。

雨漏り修理のプロが教える
屋根・外壁のメンテナンス
我が家の補修で失敗しない方法

2020 年 8 月 1 日　第 1 版第 1 刷発行
2022 年 2 月 20 日　第 1 版第 2 刷発行

編著者………雨漏り 110 番グループ
著　者………唐鎌謙二・藤田裕二・原田芳一・
　　　　　　倉方康幸
発行者………井口夏実
発行所………株式会社 学芸出版社
　　　　　　京都市下京区木津屋橋通西洞院東入
　　　　　　〒 600-8216　電話 075-343-0811
　　　　　　http://www. gakugei-pub. jp/
　　　　　　Email　info@gakugei-pub. jp
編集担当……岩崎健一郎

装　丁………中川未子（よろずでざいん）
ＤＴＰ………株式会社フルハウス
印　刷………イチダ写真製版
製　本………山崎紙工

©雨漏り 110 番グループ他, 2020
ISBN 978-4-7615-1370-2　Printed in Japan

図解　雨漏り事件簿　原因調査と対策のポイント

玉水新吾・唐鎌謙二 著／雨漏り 110 番技術班 監修／日本建築協会 企画

A5 判・216 頁・本体 2500 円＋税

住宅トラブルの大半を占める雨漏りの原因調査と対策について、修理実績 1 万 1 千件以上・解決率 97％超、日本最大のプロ集団である「雨漏り 110 番」が総力を挙げ、多数の生の事例をもとに実務に役立つポイントを解説。ヒアリングシートと多数の現場写真で原因と対策を丁寧に図解することで、ノウハウをぎっしり詰め込んだ一冊。

写真マンガでわかる　住宅メンテナンスのツボ

玉水新吾・都甲栄充 著／日本建築協会 企画

A5 判・248 頁・本体 2800 円＋税

ストックの時代を迎え、長期間にわたり住宅メンテナンスを担える人材のニーズは高まる一方だ。本書は、敷地・基礎から、外壁・屋根・小屋裏・内装・床下・設備・外構に至るまで、住宅の部位別に写真マンガでチェックポイントと対処法、ユーザーへのアドバイスの仕方をやさしく解説。住宅診断・メンテナンス担当者必携の書。

図解住まいの寸法　暮らしから考える設計のポイント

堀野和人・黒田吏香 著／日本建築協会 企画

A5 判・200 頁・本体 2600 円＋税

住宅の設計には、そこに住む人の暮らしをふまえた寸法への理解が欠かせない。本書では、玄関、階段、トイレ、洗面室など、住まいの 13 の空間の持つ機能と要素を整理し、そこで行われる生活行為に支障のない、理に適った寸法をわかりやすい 2 色刷イラストで紹介。寸法という数字の持つ意味を知ることで設計実務に活かせる一冊。

学 芸 出 版 社　Gakugei Shuppansha

📄 図書目録
📄 セミナー情報
📄 電子書籍
📄 おすすめの 1 冊
📄 メルマガ申込
　（新刊 & イベント案内）
📄 Twitter
📄 Facebook

建築・まちづくり・
コミュニティデザインの
ポータルサイト

✎WEB GAKUGEI
www.gakugei-pub.jp/